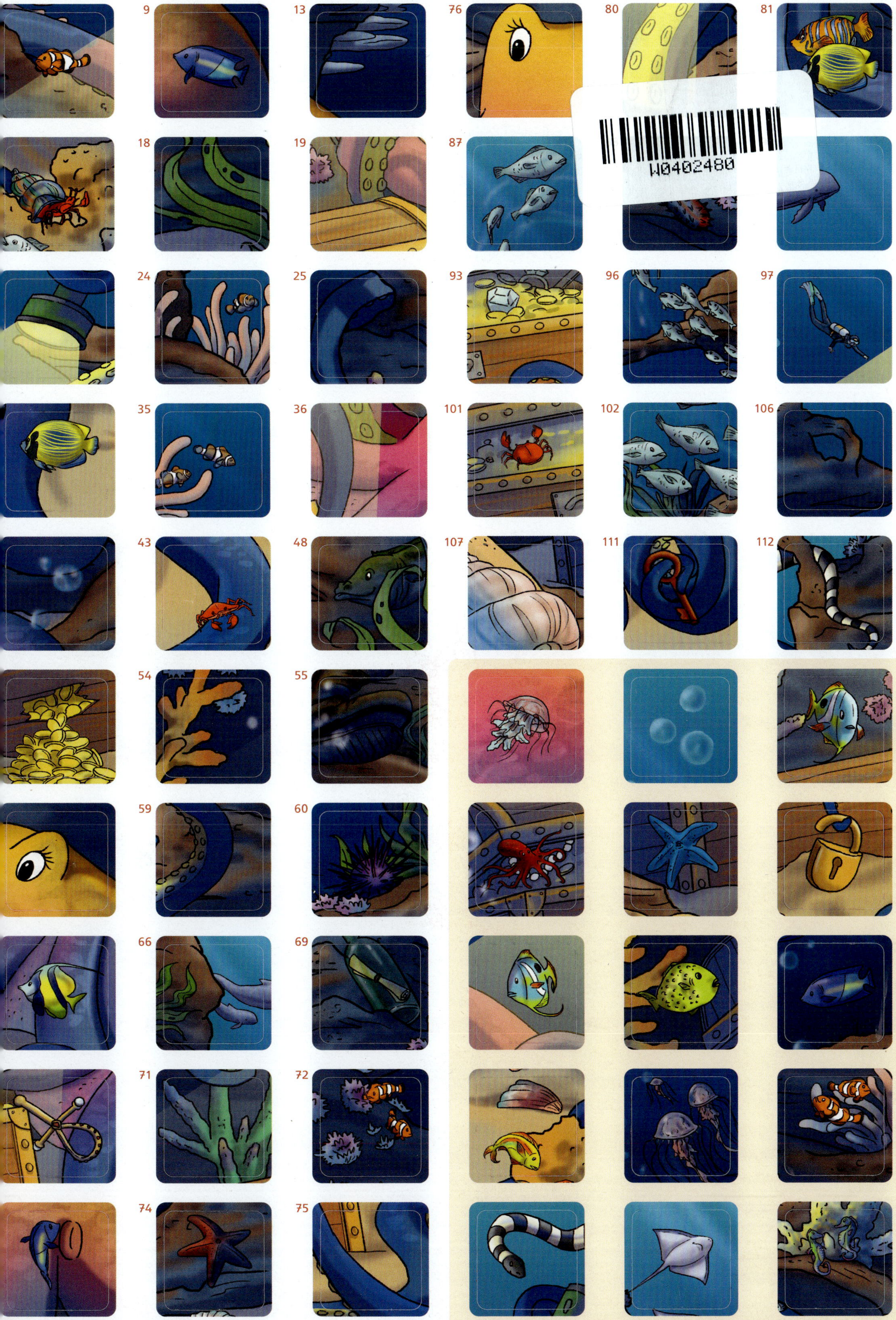

Die Schmucksticker kannst du, wann immer du möchtest, in dein Heft kleben, um es zu verzieren.

Der Stickerbogen von
Durchblick mit Tessa Tinte – Mathe 4

Für jede fertig bearbeitete Vertiefungsseite in diesem Heft gibt es einen Belohnungssticker zum Einkleben in das Wimmelbild. Damit du den richtigen Platz im Wimmelbild finden kannst, sind sie mit den zugehörigen Seitenzahlen beschriftet.

Außerdem gibt es Schmucksticker:
Diese kannst du frei benutzen, um zum Beispiel dein Heft zu verzieren.

Du hast dir die Grundlagen für alle wichtigen Themen erarbeitet.
Nun möchtest du den Stoff der vierten Klasse noch einmal üben und Gelerntes vertiefen?
Dann schau dir unsere Übungshefte an!

Das Übungsheft Mathematik 4

Denk- und Rechentraining

Die Übungshefte verbessern die Rechenleistung der Kinder wesentlich und sind somit die ideale Ergänzung zu Schülerbuch und Arbeitsheft.

- Training der Grundaufgaben
- Produktives Üben mit System und konsequente Wiederholung
- Interessante Aufgaben aus den Bereichen Geometrie, Sachrechnen und spannende Knobelaufgaben

Das Übungsheft Mathematik 4
84 S., vierf., Gh, 14,8 x 22 cm (größer als DIN A5), mit Stickerbogen und Lösungsheft
ISBN 978-3-619-45454-9

www.mildenberger-verlag.de/187

Das Übungsheft Englisch 4

Let's practise English

Das Übungsheft Englisch trainiert nach dem bewährten Konzept der Reihe „Das Übungsheft":

- Mit kostenlosem online Hörangebot
- Motivierende Aufgaben mit interessanten Darstellungsformen
- Sechs Englisch-Master zum Überprüfen der Lernziele

Das Übungsheft Englisch 4
64 S., vierf., Gh, 17 x 24 cm, mit Stickerbogen, Beilage und Lösungsheft, inkl. Audio-CD „Jicki Vokabel-Dusche 4"
ISBN 978-3-619-19448-3

www.mildenberger-verlag.de/191

Das Übungsheft Deutsch 4

Rechtschreib- und Grammatiktraining

Das Übungsheft Deutsch begleitet die Kinder durch ein ganzes Schuljahr: Alle wichtigen Lerninhalte von Rechtschreibung und Grammatik werden spiralförmig wiederholt und vertieft.

- Übersichtliche Zusammenfassungen der wichtigsten Informationen in „Schatzkisten"
- Regelmäßiges Wiederholen bereits erarbeiteter Lerninhalte beim Deutschmeister
- Mit Sticker-Belohnungssystem!

Das Übungsheft Deutsch 4
64 S., Gh, 17 x 24 cm, vierf., mit Stickerbogen und Lösungsheft
ISBN 978-3-619-44170-9

www.mildenberger-verlag.de/190

Mathe 4

Durchblick mit Tessa Tinte

Grundlagen festigen – Neues sicher lernen

Erarbeitet von:

Laura Marie Geupel
Stefanie Werning

Lösungen

Mildenberger

---

1 Wie heißt die Zahl? Ergänze die Tabelle.

Tipp zum Lösen der Aufgabe: Merkkasten 1 „Zahldarstellung"

	Zahldarstellung	Stellenwerttafel (T H Z E)	Zahl
a	□□□□□ □ ||||	6 4 6	646
b	□□□□□ ||	5 2 0	520
c	□□	2 0 6	206

2 Stelle die Zahl wie in der Tabelle aus **Aufgabe 1** dar.

Tipp zum Lösen der Aufgabe: Merkkasten 1 „Zahldarstellung"

a 55 \|\|\|\|\| .....

b 713 □□□□□ □□ \| ...

3 Verbinde das Zahlwort mit der passenden Zahl.

Tipp zum Lösen der Aufgabe: Merkkasten 2 „Zahlwörter"

a sechshundertzweiunddreißig – 632

b neunhundertachtundneunzig – 998

c eintausend – 1000

4 Beschrifte den Zahlenstrahl.

Tipp zum Lösen der Aufgabe: Merkkasten 3 „Zahlenstrahl"

747 763 772 783 785 789 794 796

5 Setze die Zahlenfolge fort. Finde eine Regel.

Tipp zum Lösen der Aufgabe: Merkkasten 4 „Zahlenfolgen fortsetzen"

290 320 350 380 410 440 470 500 530 560

Immer: +30

---

1 Zahldarstellung

Du kannst Zahlen unterschiedlich darstellen:

Tausender · Hunderter · Zehner · Einer

1 Wie heißt die Zahl? Ergänze die Tabelle.

	Zahldarstellung	Zahl
a	□□□ || ...	323
b	||||| |	64
c	□□□□□	506

2 Stelle die Zahl dar.

a 82 \|\|\|\|\| \|\|\| ..

b 304 □□□ ....

c 710 □□□□□ □□ \|

d 146 □ \|\|\|\| ..... .

2 Zahlwörter

Du kannst eine Zahl auch als Zahlwort schreiben.
Zahlwörter unter einer Million werden klein- und zusammengeschrieben.

Achte besonders auf die Schreibweise von Zehnern und Einern.

Schreibweise – Zahl:
Wenn du die Zahl schreibst, orientierst du dich an den Stellenwerten.
3H 7Z 5E
→ Zehner

Schreibweise – Zahlwort:
Wenn du das Zahlwort schreibst, orientierst du dich an der Sprechweise.
„dreihundertfünfundsiebzig"
→ Einer

3 Schaue dir die Zahl genau an. Markiere die Fehler im Zahlwort und schreibe es richtig auf.

	Zahl	Zahlwort	Zahlwort verbessert
a	345	dreihundertvierundfünfzig	dreihundertfünfundvierzig
b	788	siebenhundertachtachtzig	siebenhundertachtundachtzig
c	912	neunhundert zwölf	neunhundertzwölf

---

4 Schreibe als Zahlwort.

a 801 achthunderteins

b 376 dreihundertsechsundsiebzig

c 611 sechshundertelf

d 999 neunhundertneunundneunzig

3 Zahlenstrahl

Merkmale eines Zahlenstrahls:

- Der Größe nach angeordnete Zahlen
- Immer gleich großer Abstand zwischen zwei benachbarten Zahlen
- Längere Striche zur Orientierung (Fünfer-/Zehnerzahlen)

5 Beschrifte den Zahlenstrahl. In welchen Schritten wurde gezählt? Kreuze an.

250 360 460 480 790 860 870

Einerschritte ○ Zehnerschritte ☒ Hunderterschritte ○

4 Zahlenfolgen fortsetzen

Eine Zahlenfolge beschreibt eine Reihe an Zahlen. Du kannst sie systematisch fortsetzen, indem du dir die Zahlenfolge genau anschaust und das Muster erkennst.

Schritt 1: Sprich dir die Zahlenfolge laut vor.

Schritt 2: Probiere, ob du addieren, subtrahieren, multiplizieren oder dividieren musst, um den Schritt von einer Zahl zur Nächsten zu gehen.

Schritt 3: Schreibe dir die einzelnen Schritte auf.

Schritt 4: Setze das Muster fort.

6 Setze die Zahlenfolge fort. Finde eine Regel.

746 751 756 761 766 771 776 781 786 791 796

Immer: +5

Zahlwörter im Zahlenraum bis 1 000 000

Du kannst auch eine große Zahl als Zahlwort schreiben:

Schreibweise – Zahl:

Immer drei Ziffern bilden eine Gruppe, die zusammengeschrieben wird. Zwischen zwei dieser Gruppen lässt du eine kleine Lücke.

534 756

Schreibweise – Zahlwort:

Zahlwörter unter einer Million werden klein- und zusammengeschrieben.

fünfhundertvierunddreißigtausend-siebenhundertsechsundfünfzig

(!) 1 000 000 = eine Million

1 Schreibe als Zahl.

a zweiunddreißigtausendvierhundertdrei — 32 403

b siebenhundertvierundzwanzigtausendsiebzehn — 724 017

c dreihundertfünftausendzweihundert — 305 200

d neunhundertneunundneunzigtausendeins — 999 001

2 Schreibe als Zahlwort.

a 200 225 — zweihunderttausendzweihundertfünfundzwanzig

b 406 111 — vierhundertsechstausendeinhundertelf

3 Wie geht es weiter? Setze fort und finde eine Regel.

a 95 395 | 95 397 | 95 399 | 95 401 | 95 403

100 000 | 100 002 | 100 004 | 100 006 | 100 008

Immer: +2

b 555 555 | 554 555 | 553 555 | 552 555 | 551 555

711 200 | 710 200 | 709 200 | 708 200 | 707 200

Immer: −1 000

Zahlenstrahl im Zahlenraum bis 1 000 000

Die Merkmale des Zahlenstrahls sind die Gleichen wie im niedrigen Zahlenraum. Der Abstand zwischen zwei benachbarten Zahlen ist auch hier immer gleich groß und zeigt dir, in welchen Schritten gezählt wird.

(!) Diese Schritte sind bei jedem Zahlenstrahl unterschiedlich.

4 Beschrifte den Zahlenstrahl. In welchen Schritten wurde gezählt? Kreuze an.

a 1 000 | 5 000 | 12 000 | 35 000 | 59 000 | 77 000 | 97 000

Hunderterschritte ◯ Tausenderschritte ☒ Zehntausenderschritte ◯

b 857 200 | 857 600 | 858 400 | 858 700 | 858 800 | 859 500

Hunderterschritte ☒ Tausenderschritte ◯ Zehntausenderschritte ◯

c 100 000 | 120 000 | 150 000 | 440 000 | 500 000 | 520 000 | 830 000

Hunderterschritte ◯ Tausenderschritte ◯ Zehntausenderschritte ☒

Ich kann jetzt …	✓
… Zahlen darstellen sowie Zahlwörter richtig bilden und aufschreiben.	◯
… Zahlenfolgen fortsetzen.	◯
… Zahlen auf dem Zahlenstrahl verorten.	◯

1 Wie heißt die Zahl? Bündle.

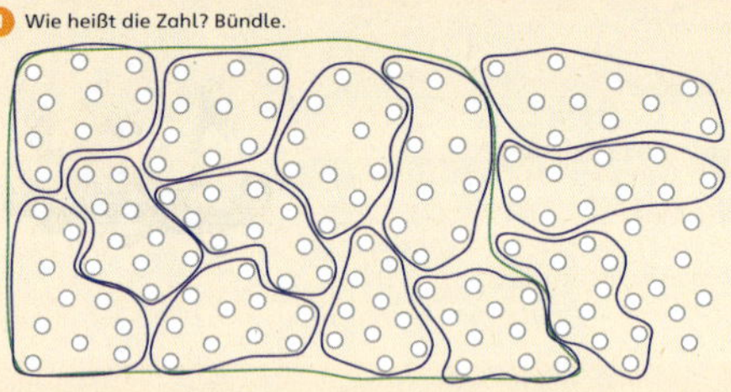

1 H + 3 Z + 8 E = 138

Tipp zum Lösen der Aufgabe: Merkkasten 1 „Bündeln"

2 Wie heißt die Zahl? Trage ein.

	T	H	Z	E	Zahl
a		•	•	•	111
b		••••		•••	403
c		••	•••	•••••••	237
d		•	••••	•••••	145

Tipp zum Lösen der Aufgabe: Merkkasten 2 „Stellenwerttafel"

3 Trage die Zahlen 9, 56, 230 und 1 000 in die Stellenwerttafel ein.

T	H	Z	E
			9
		5	6
	2	3	0
1	0	0	0

Tipp zum Lösen der Aufgabe: Merkkasten 2 „Stellenwerttafel"

4 Verbinde die Zahl mit der passenden Aussage.

a 380 — Meine Zahl hat 4 Hunderter, 0 Zehner und 2 Einer.

b 402 — Meine Zahl hat neun Hunderter, zwei Zehner und zwei Einer.

c 922 — Meine Zahl hat 3 H, 8 Z und 0 E.

d 746 — Meine Zahl hat 7 Hunderter, 4 Zehner und 6 Einer.

Tipp zum Lösen der Aufgabe: Merkkasten 2 „Stellenwerttafel"

1 Bündeln

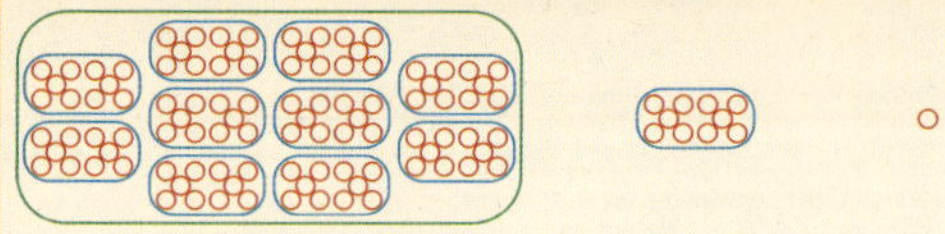

1 Hunderter (H) = 10 Z = 100 E — 1 Zehner (Z) = 10 E — 1 Einer (E)

1 Wie heißt die Zahl? Bündle.

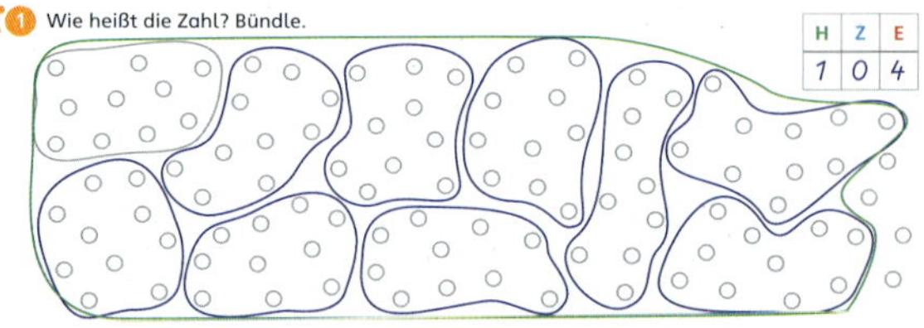

H	Z	E
1	0	4

2 Stellenwerttafel

Zahl (1)259 Ziffer

Zahlen können in die Ziffern 0, 1, 2, 3, 4, 5, 6, 7, 8 und 9 zerlegt werden. Die Stelle, an welcher eine Ziffer innerhalb der Zahl steht, bestimmt ihren Stellenwert.

Beispiel: Bei der Zahl 1 259 siehst du, dass die Ziffer 1 an der Tausenderstelle (T) steht – du weißt also, dass sie für den Stellenwert 1 000 steht. Für eine bessere Übersicht kannst du die Ziffern in eine Stellenwerttafel eintragen:

T	H	Z	E
1	2	5	9

2 Tessa hat die Zahl 983 in die Stellenwerttafel eingetragen. Dabei hat sie einen Fehler gemacht.

a Umkreise den Fehler rot.

H	Z	E
9		(83)

Lösungen Seite 12–15

Bündeln · Zahlen und Zahlraumvorstellungen

Hinweis

b Was hat Tessa falsch gemacht? Beschreibe. **

Tessa hat die 8 Zehner mit in die Einerspalte und nicht in die Zehnerspalte geschrieben.

c Notiere einen Tipp für Tessa. **

Pro Spalte darf immer nur eine Ziffer stehen.

d Trage die Zahl 983 richtig in die Stellenwerttafel ein.

H	Z	E
9	8	3

3 Fülle zuerst die Lücken aus. Trage dann die Zahl in die Stellenwerttafel ein.

a 594 Die Zahl hat 5 Hunderter, 9 Zehner und 4 Einer.

b 306 Die Zahl hat 3 H, 0 Z und 6 E.

c 780 Die Zahl hat 7 Hunderter, 8 Zehner und 0 Einer.

d 1000 Die Zahl hat 1 T, 0 H, 0 Z und 0 E.

	T	H	Z	E
a		5	9	4
b		3	0	6
c		7	8	0
d	1	0	0	0

4 Finde die Zahl heraus und trage sie in die Stellenwerttafel ein.

a 11 Z 1 H 3 E 213

b 23 E 1 T 2 H 1223

	T	H	Z	E
a		2	1	3
b	1	2	2	3

 ** Beispiellösung

Bündeln · Zahlen und Zahlraumvorstellungen

Vertiefung

Stellenwerttafel im Zahlenraum bis 1 000 000

Mithilfe einer Stellenwerttafel kannst du Zahlen in ihre einzelnen Stellenwerte zerlegen. Im Zahlenraum bis 1 000 000 bleibt die Tabelle vom Prinzip gleich, sie erweitert sich nur um folgende Stellenwerte:

M	HT	ZT	T	H	Z	E

Die einzelnen Stellenwerte heißen:
Millionen (M), Hunderttausender (HT), Zehntausender (ZT), Tausender (T), Hunderter (H), Zehner (Z) und Einer (E).

1 Schreibe die zerlegte Zahl auf.

	M	HT	ZT	T	H	Z	E	Zahl
a			1	2	1	1	1	12 111
b		4	1	0	3	0	1	410 301
c		5	0	5	1	0	3	505 103
d	1	0	0	0	0	0	0	1 000 000
e	1	0	0	2	0	0	3	1 002 003

2 Du darfst ein Plättchen in die Hunderterspalte dazulegen.

a Zeichne die neue Zahl in die freie Spalte.

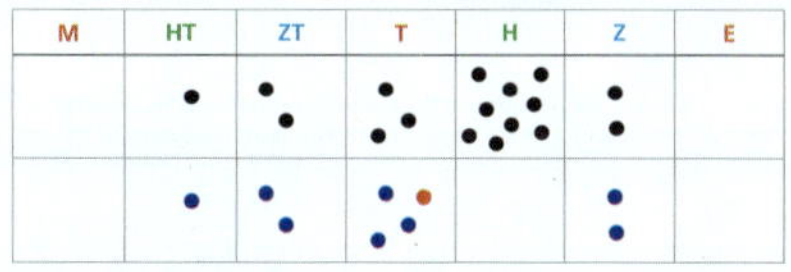

Zahl
123 920
124 020

b Was musst du dabei beachten? Beschreibe. **

Wenn ich ein Plättchen dazulege, sind in der H-Spalte zehn Plättchen. Bei zehn muss ich bündeln: Ich wechsle zehn Hunderter zu einem Tausender.

** Beispiellösung

Bündeln · Zahlen und Zahlraumvorstellungen

Vertiefung

3 Zerlege die Zahl in ihre einzelnen Stellenwerte.

a 250 653 2 HT 5 ZT 0 T 6 H 5 Z 3 E

b 900 612 9 HT 0 ZT 0 T 6 H 1 Z 2 E

c 303 303 3 HT 0 ZT 3 T 3 H 0 Z 3 E

4 Zerlege in den angegebenen Stellenwert.

a Wie viele Einer hat ein Tausender? 1000 Einer

b Wie viele Zehner hat ein Tausender? 100 Zehner

c Wie viele Hunderttausender hat eine Million? 10 Hunderttausender

d Wie bist du vorgegangen? Beschreibe anhand von **Teilaufgabe b**. **

Ich trage die Zahl in die Stellenwerttafel ein. Ich kann die Lösung jetzt ganz einfach ablesen: Ich schreibe die Zahlen von der T- bis zur Z-Spalte ab.

T	H	Z	E
1	0	0	0

5 Findest du die Geheimzahl in der Schatztruhe heraus? Schreibe sie auf.

a

603 002

b

170 050

c

951 370

d

209 023

e

207 616

f

1 605 200

Ich kann jetzt ...	✓
... richtig bündeln.	○
... Zahlen in die Stellenwerttafel eintragen.	○
... die einzelnen Stellenwerte richtig benennen.	○

 ** Beispiellösung

Zahlvergleiche · Zahlen und Zahlraumvorstellungen

Test

1 Wo liegen die Zahlen? Verbinde sie mit dem Zahlenstrahl.

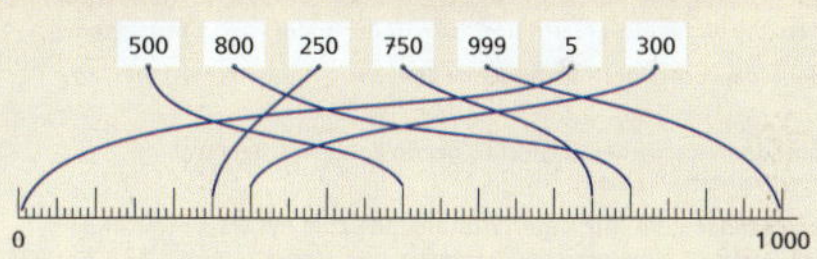

Tipp zum Lösen der Aufgabe: Merkkasten 1 „Zahlen ordnen"

2 Vergleiche die Zahlen. Ergänze die Zeichen >, < oder =.

a 43 > 34 b 777 = 777 c 333 < 334

d 909 = 909 e 505 < 550 f 101 < 240

g 51 < 551 h 964 > 946 i 93 < 101

Tipp zum Lösen der Aufgabe: Merkkasten 1 „Zahlen ordnen"

3 Nummeriere die Zahlen der Größe nach. Beginne mit der kleinsten Zahl.

600 7 234 3 51 2 351 5

350 4 7 1 999 8 404 6

Tipp zum Lösen der Aufgabe: Merkkasten 1 „Zahlen ordnen"

4 Notiere Vorgänger und Nachfolger am Zahlenstrahl.

Tipp zum Lösen der Aufgabe: Merkkasten 2 „Nachbarzahlen" a

5 Ergänze die Tabelle.

	Vorgänger			Zahl	Nachfolger		
	Nachbarhunderter	Nachbarzehner	Vorgänger		Nachfolger	Nachbarzehner	Nachbarhunderter
a	100	120	122	123	124	130	200
b	900	980	980	981	982	990	1000
c	600	690	699	700	701	710	800
d	500	560	562	563	564	570	600
e	300	310	318	319	320	320	400

Tipp zum Lösen der Aufgabe: Merkkasten 2 „Nachbarzahlen" a und b

Zahlvergleiche · Zahlen und Zahlraumvorstellungen

Hinweis

1 Zahlen ordnen

Du kannst Zahlen der Größe nach ordnen. Um herauszufinden, welche Zahl größer ist, gibt es zwei Möglichkeiten:

Möglichkeit 1: Zwei Zahlen mit unterschiedlich vielen Stellenwerten

Schritt 1: Zerlege die Zahlen in Stellenwerte.
Schritt 2: Zähle die Stellenwerte.
Schritt 3: Die Zahl mit mehr Stellenwerten ist größer.

236 = 2H 3Z 6E 36 = 3Z 6E
236 → 3 36 → 2
236 > 36

Möglichkeit 2: Zwei Zahlen mit gleich vielen Stellenwerten

Schritt 1: Zerlege die Zahlen in Stellenwerte. Beide Zahlen haben gleich viele.

156 = 1H 5Z 6E 236 = 2H 3Z 6E
156 → 3 236 → 3

Schritt 2: Vergleiche jetzt die einzelnen Stellenwerte miteinander. Dabei kann dir eine Stellenwerttafel helfen.

H	Z	E
1	5	6
2	3	6

Schritt 3: Schaue dir den höchsten Stellenwert an, bei dem es einen Unterschied gibt. Die Zahl mit dem größeren Stellenwert an dieser Stelle ist auch die größere Zahl.

1 H < 2 H
156 < 236
236 ist größer, weil sie einen größeren Stellenwert an der Hunderterstelle hat.

In der Mathematik benutzt du folgende Zeichen, um Zahlen zu vergleichen:

236 > 36 „ist größer als" 156 < 236 „ist kleiner als" 236 = 236 „ist gleich"

1 Trage die Zahlen 245, 45 und 345 in die Stellenwerttafel ein. Markiere die Stellenwerte, durch die sich die Zahlen unterscheiden. Ordne sie dann der Größe nach. Beginne mit der kleinsten Zahl.

Rang	H	Z	E
2	2	4	5
1		4	5
3	3	4	5

2 Vergleiche die Zahlen. Ergänze die Zeichen >, < oder =.

a 65 > 56 b 879 < 880 c 644 > 446 d 132 = 132

Zahlvergleiche · Zahlen und Zahlraumvorstellungen

Hinweis

2 Nachbarzahlen

a Vorgänger und Nachfolger

Vorgänger = die Zahl vor einer Zahl (– 1) 323 ← (324 – 1) 324
Nachfolger = die Zahl nach einer Zahl (+ 1) 324 → (324 + 1) 325

3 Notiere Vorgänger und Nachfolger.

a Ergänze die Tabelle.

Vorgänger	Zahl	Nachfolger
875	876	877
579	580	581

b Was fällt dir bei dem Vorgänger der Zahl 580 auf? Beschreibe. **

Bei dem Vorgänger der Zahl 580 ändert sich die Zehner- und die Einerstelle. An der Einerstelle steht eine 9.

b Nachbarzehner und Nachbarhunderter

Nachbarzehner = die vorherige/nachfolgende Zahl mit 0 Einern
Nachbarhunderter = die vorherige/nachfolgende Zahl mit 0 Zehnern und 0 Einern

Vorgänger			Zahl	Nachfolger		
Nachbarhunderter	Nachbarzehner	Vorgänger		Nachfolger	Nachbarzehner	Nachbarhunderter
300	320	323	324	325	330	400

4 Ergänze die Tabelle.

	Vorgänger			Zahl	Nachfolger		
	Nachbarhunderter	Nachbarzehner	Vorgänger		Nachfolger	Nachbarzehner	Nachbarhunderter
a	500	560	562	563	564	570	600
b	700	730	731	732	733	740	800
c	200	210	211	212	213	220	300
d	900	980	988	989	990	990	1000

** Beispiellösung

Zahlvergleiche · Zahlen und Zahlraumvorstellungen

Vertiefung

Nachbarzahlen im Zahlenraum bis 1 000 000

Die Nachbarzahlen, die du bereits gelernt hast, kannst du immer weiter fortsetzen:

Nachbartausender = die vorherige/nachfolgende Zahl mit 0 Hundertern, 0 Zehnern und 0 Einern

Nachbarzehntausender = die vorherige/nachfolgende Zahl mit 0 Tausendern, 0 Hundertern, 0 Zehnern und 0 Einern

Nachbarhunderttausender = die vorherige/nachfolgende Zahl mit 0 Zehntausendern, 0 Tausendern, 0 Hundertern, 0 Zehnern und 0 Einern

Vorgänger			Zahl	Nachfolger		
Nachbarhunderttausender	Nachbarzehntausender	Nachbartausender		Nachbartausender	Nachbarzehntausender	Nachbarhunderttausender
700 000	770 000	778 000	778 329	779 000	780 000	800 000

Auch große Zahlen kannst du miteinander vergleichen:

779 000 > 778 329 „ist größer als" 778 000 < 778 329 „ist kleiner als" 778 329 = 778 329 „ist gleich"

1 Ergänze die Tabelle.

	Vorgänger			Zahl	Nachfolger		
	Nachbarhunderttausender	Nachbarzehntausender	Nachbartausender		Nachbartausender	Nachbarzehntausender	Nachbarhunderttausender
a	700 000	750 000	758 000	758 402	759 000	760 000	800 000
b	500 000	560 000	560 000	560 897	561 000	570 000	600 000
c	900 000	970 000	979 000	979 999	980 000	980 000	1 000 000

2 Wo liegen die Zahlen? Verbinde sie mit dem Zahlenstrahl. Beantworte danach die Fragen.

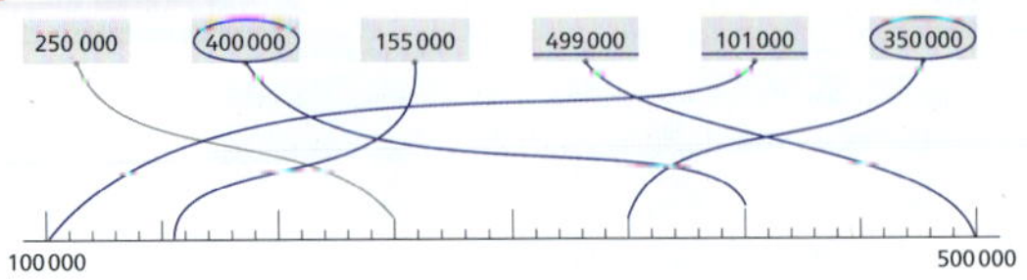

a Umkreise die beiden Zahlen, die am nächsten beieinanderliegen.
b Unterstreiche die beiden Zahlen, die am weitesten voneinander entfernt sind.

Zahlvergleiche · Zahlen und Zahlraumvorstellungen

Vertiefung

3 Löse das Zahlenrätsel.

a Die gesuchte Zahl ist der Nachfolger der Zahl 324 450.
Lösung: 324 451

b Die gesuchte Zahl ist der Vorgänger der Zahl 830 000.
Lösung: 829 999

c Die gesuchte Zahl hat mit ihrem Vorgänger keinen gemeinsamen Stellenwert.
Lösung: 10 000 **

4 Wie heißen die Nachbarzehntausender? Ergänze die Tabelle.

	Nachbarzehntausender	Zahl	Nachbarzehntausender
a	60 000	60 938	70 000
b	550 000	558 540	560 000
c	940 000	942 999	950 000
d	420 000	423 222	430 000

5 Trage die Zahlen 87 550, 887 550 und 86 550 in die Stellenwerttafel ein. Markiere die Stellenwerte, durch die sich die Zahlen unterscheiden. Ordne sie dann der Größe nach. Beginne mit der kleinsten Zahl.

Rang	HT	ZT	T	H	Z	E
2		8	7	5	5	0
3	8	8	7	5	5	0
1		8	6	5	5	0

6 Vergleiche die Zahlen. Ergänze die Zeichen >, < oder =.

a 654 899 > 345 899 b 879 489 = 879 489 c 101 101 < 110 101
d 452 648 = 452 648 e 311 063 < 311 163 f 997 621 > 895 125

7 Welche Ziffern kannst du einsetzen? Notiere mindestens vier Möglichkeiten. **

a 465 99▢ < 465 999
8, 7, 6, 5 ...

b 3▢9 870 > 339 870
4, 5, 6, 7 ...

** Beispiellösung

Zahlvergleiche · Zahlen und Zahlraumvorstellungen
Vertiefung

8 Mia möchte wissen, wie viele Menschen in deutschen Großstädten den Film „Tessa Tinte und der Schatz am Meeresgrund" im Kino gesehen haben.

a Ordne die Anzahlen der Größe nach. Beginne mit der größten Anzahl.

b Wie heißt der vorangehende Nachbarhunderttausender? Ergänze die Tabelle.

Rang	Stadt	Anzahl Menschen	Nachbarhunderttausender
1	Berlin	1 351 519	1 300 000
3	Dresden	633 976	600 000
4	Essen	516 353	500 000
5	Frankfurt	473 497	400 000
2	Hamburg	1 174 933	1 100 000

c Trage die Zahlen der Spalte „Nachbarhunderttausender" aus **Teilaufgabe b** ein und verbinde sie mit dem Zahlenstrahl.

1 300 000 600 000 500 000 400 000 1 100 000

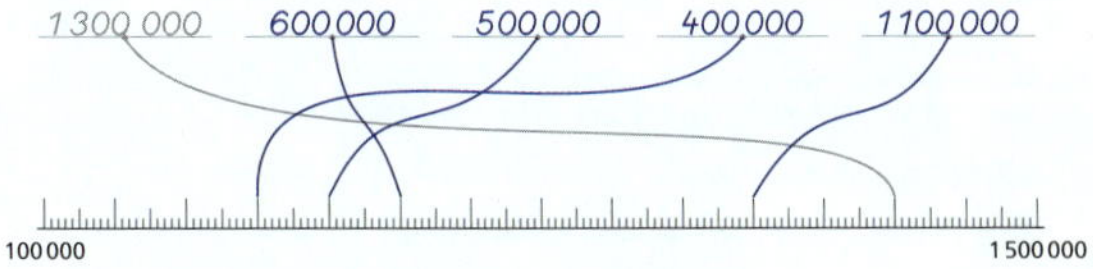

Ich kann jetzt …	✓
… Zahlen der Größe nach ordnen.	○
… die Zeichen >, < und = richtig verwenden.	○
… Vorgänger und Nachfolger einer Zahl bestimmen.	○
… Nachbarzehner, -hunderter, -tausender, -zehntausender und -hunderttausender einer Zahl bestimmen.	○

Runden · Zahlen und Zahlraumvorstellungen
Test

1 Umkreise alle Zahlen, die du auf 550 abrunden kannst.

(554) (551) 559 557 (552) 558

Tipp zum Lösen der Aufgabe: Merkkasten 1 „Runden" a und b

2 Umkreise alle Zahlen, die du auf 990 aufrunden kannst.

981 (989) 983 (988) (987) 980

Tipp zum Lösen der Aufgabe: Merkkasten 1 „Runden" a und b

3 Wurde hier richtig gerundet? Entscheide: richtig ✓ oder falsch ✗?
Streiche das falsche Ergebnis durch und schreibe die richtige Lösung auf die Zeile dahinter.

a 52 ≈ 50 ✓ ____ b 649 ≈ 650 ✓ ____

c 649 ≈ ~~700~~ ✗ 600 d 215 ≈ ~~210~~ ✗ 220

Tipp zum Lösen der Aufgabe: Merkkasten 1 „Runden" a und b

4 Runde die Zahlen auf die angegebene Stelle. Ergänze die Tabelle.

	Zahl	85	341	990	565
a	gerundet auf Zehner	90	340	990	570
b	gerundet auf Hunderter	100	300	1000	600

Tipp zum Lösen der Aufgabe: Merkkasten 1 „Runden" a und b

5 Auf welchen Stellenwert wurde gerundet? Trage ein und markiere die Ziffer.

90 700 540

	T	H	Z	E
a			(9)	0
** b		(7)	0	0
c		5	(4)	0

Tipp zum Lösen der Aufgabe: Merkkasten 2 „Auf einen bestimmten Stellenwert runden"

** Beispiellösung

Runden · Zahlen und Zahlraumvorstellungen
Hinweis

1 Runden

a Um eine Zahl runden zu können, musst du dir die Stellenwerte einer Zahl ansehen.

Schritt 1: Beim Runden unterstreichst du die Stelle, auf die gerundet werden soll. — 783

Schritt 2: Anschließend umkreist du die Ziffer rechts neben der Stelle, auf die gerundet werden soll. — 7(8)3

Schritt 3: Die eingekreiste Ziffer entscheidet darüber, ob der Wert davor auf- oder abgerundet wird. Hierfür gibt es die Rundungsregeln.

1 Wie runde ich die Zahl 7?

a Trage die Zahl 7 am Zahlenstrahl ein.

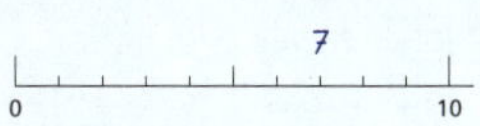

b Liegt die Zahl 7 näher an der 0 oder an der 10? Kreuze an. ○ 0 ☒ 10

c Bei der Zahl 7 wird also aufgerundet (aufgerundet/~~abgerundet~~).

2 Wie runde ich die Zahl 5?

a Trage die Zahl 5 am Zahlenstrahl ein.

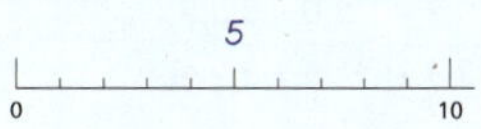

b Was ist das Besondere beim Runden der Zahl 5? Beschreibe. **

Die Zahl 5 liegt genau in der Mitte von 0 und 10. Deshalb kann ich mich beim Runden nicht daran orientieren, ob die 5 näher an der 0 oder an der 10 liegt. Ich muss mir merken: „Ab 5 runde ich auf."

** Beispiellösung

Runden · Zahlen und Zahlraumvorstellungen
Hinweis

b **Rundungsregeln**

Folgende Rundungsregeln musst du dir merken:
- Bei den Ziffern 0, 1, 2, 3 und 4 rundest du **ab**.
- Bei den Ziffern 5, 6, 7, 8 und 9 rundest du **auf**.

0 bis 4 ↓ 5 bis 9 ↑

Beispiel: 7(8)3 — Gerundet wird auf die unterstrichene Stelle. Die eingekreiste Stelle (Z) entscheidet darüber, ob du auf- oder abrundest:

7(8)3 ≈ 800 — Bei 8 rundest du auf.

3 Runde auf die unterstrichene Stelle.

a 42 ≈ 40 b 88 ≈ 90 c 75 ≈ 80

d 238 ≈ 240 e 769 ≈ 800 f 905 ≈ 910

g 440 ≈ 440 h 999 ≈ 1000 i 835 ≈ 840

2 Auf einen bestimmten Stellenwert runden

Um zu erkennen, auf welchen Stellenwert eine Zahl gerundet wurde, musst du dir die Zahl genau anschauen. Du erkennst den Stellenwert, auf den gerundet wurde daran, dass alle Stellenwerte danach den **Wert 0** haben.

Beispiel: 237
≈ 230: Es wurde auf den Zehner gerundet – die Stellenwerte sind: 2 3 0.
≈ 200: Es wurde auf den Hunderter gerundet – die Stellenwerte sind: 2 0 0.

4 Auf welchen Stellenwert wurde gerundet? Trage ein und markiere die Ziffer.

a 20 540 800

T	H	Z	E
		(2)	0
	5	(4)	0
	(8)	0	0 **

b Bei der Zahl 800 gibt es zwei Möglichkeiten, auf welchen Stellenwert gerundet wurde. Begründe und nenne je ein Beispiel. **

Die Ausgangszahl ist unbekannt. Es könnte also sowohl auf den Hunderter gerundet worden sein (Ausgangszahl zwischen 750 und 849) oder auf den Zehner (Ausgangszahl zwischen 795 und 804).

** Beispiellösung

Runden · Zahlen und Zahlraumvorstellungen — Vertiefung

Rundungsregeln im Zahlenraum bis 1 000 000

Mit gerundeten Zahlen kannst du einfacher und schneller rechnen und auch deine Ergebnisse überprüfen. Auch im Zahlenraum bis 1 000 000 bleiben die Rundungsregeln gleich, nur die Zahlen werden länger.

- Beim Runden auf **Tausender** betrachtest du nur die Hunderterstelle: 78 930 ≈ 79 000 (aufrunden)
- Beim Runden auf **Zehntausender** betrachtest du nur die Tausenderstelle: 353 848 ≈ 350 000 (abrunden)
- Beim Runden auf **Hunderttausender** betrachtest du nur die Zehntausenderstelle: 579 758 ≈ 600 000 (aufrunden)

1 Wurde hier richtig gerundet? Entscheide: richtig ✓ oder falsch ✗?
Streiche das falsche Ergebnis durch und schreibe die richtige Lösung auf die Zeile dahinter.

a 2932 ≈ 2940 ✗ 2930
b 5085 ≈ 5090 ✓
c 5555 ≈ 5500 ✗ 5600
d 88 902 ≈ 88 000 ✗ 89 000
e 803 450 ≈ 800 000 ✓
f 999 999 ≈ 1 000 000 ✓

2 Schaue dir **Teilaufgabe f** aus **Aufgabe 1** genau an. Worauf musst du hier besonders achten? Beschreibe. **

Ich runde hier auf die Hunderterstelle. Da die Zehnerstelle eine 9 ist, muss ich aufrunden. Weil aber alle nachfolgenden Ziffern der Zahl ebenfalls 9 sind, verändert sich nicht nur die Hunderterstelle, sondern alle Ziffern. Dadurch erweitert sich die Zahl um einen Stellenwert: aus 999 999 wird 1 000 000.

3 Runde die Zahl auf die angegebene Stelle. Ergänze die Tabelle.

	Zahl	HT	ZT	T	H
a	465 890	500 000	470 000	466 000	465 900
b	301 350	300 000	300 000	301 000	301 400
c	888 888	900 000	890 000	889 000	888 900
d	720 006	700 000	720 000	720 000	720 000

 ** Beispiellösung

Runden · Zahlen und Zahlraumvorstellungen — Vertiefung

4 Runde die Sitzplatzkapazitäten der Fußballstadien. Verwende das Rundungszeichen.

a Markiere die Hunderterstelle. Runde dann auf **Tausender**.
Olympiastadion (Berlin): 74 475 ≈ 74 000
Allianz Arena (München): 75 024 ≈ 75 000

b Markiere die Tausenderstelle. Runde dann auf **Zehntausender**.
Max-Morlock-Stadion (Nürnberg): 50 000 ≈ 50 000
Veltins-Arena (Gelsenkirchen): 62 271 ≈ 62 000

c Markiere die Zehntausenderstelle. Runde dann auf **Hunderttausender**.
Camp Nou (Barcelona): 99 354 ≈ 100 000
Melbourne Cricket Ground (Melbourne): 100 024 ≈ 100 000

5 Manche Insektenarten leben in großen Staaten zusammen.
Runde die Anzahlen auf den jeweils größten Stellenwert der Zahl.

2 974 801 Termiten in einem Bau ≈ 3 000 000 Termiten
253 564 Ameisen in einem Ameisenhügel ≈ 300 000 Ameisen
54 791 Bienen in einem Bienenstock ≈ 50 000 Bienen

Ich kann jetzt … ✓
… die Rundungsregeln richtig anwenden. ○
… das Rundungszeichen richtig verwenden. ○
… erkennen, auf welchen Stellenwert gerundet wurde. ○

Fachbegriffe · Grundrechenarten – Addition — Übung

Fachbegriffe der Addition

In der Mathematik benutzt du eine besondere Sprache. Das ist die **Fachsprache**.
Ab jetzt benutzen wir folgende **Fachbegriffe**:

Additionsaufgabe: 1. Summand + 2. Summand = Summe
550 + 200 = 750

Bei einer Additionsaufgabe werden mindestens zwei Zahlen miteinander **addiert**:

- Die erste Zahl heißt **erster Summand**.
- Die zweite Zahl heißt zweiter Summand.
- Das Ergebnis heißt Summe.

550 + 200 = 750 ← Additionsaufgabe (1. Summand, 2. Summand, Summe)

(!) Du erkennst die Additionsaufgabe an dem **Pluszeichen** (+).

1 Finde sechs Fachbegriffe zum Thema „Addition" im Wortsuchrätsel (vertikal, horizontal).

a Male die Wörter bunt an.

W	X	X	M	N	E	K	F	N	A	D	D	I	E	R	E	N	I	Z	C	R	O	F	S
P	D	C	B	L	L	M	G	I	Q	N	H	W	W	Q	Y	R	X	G	U	S	X	U	U
C	X	S	L	U	K	O	Q	C	P	J	N	U	A	S	R	A	F	M	O	L	M	R	M
J	H	U	C	S	U	M	M	E	Y	Z	S	C	G	K	Z	L	U	Q	S	J	K	A	M
N	L	M	L	V	I	P	Q	P	L	X	X	M	G	X	V	B	X	X	E	N	C	L	A
Y	Q	M	V	C	A	D	D	I	T	I	O	N	S	A	U	F	G	A	B	E	V	B	N
G	O	A	I	P	L	U	S	Z	E	I	C	H	E	N	V	Z	W	V	X	E	L	F	D
E	K	N	J	L	W	B	T	K	B	Y	Q	U	G	M	Z	X	G	C	S	V	J	Z	I
J	I	D	W	C	D	V	C	U	V	R	Z	Q	J	R	L	U	X	F	L	X	K	X	Y

b Notiere die sechs Fachbegriffe zur Addition aus dem Wortsuchrätsel von **Teilaufgabe a**.

addieren
Additionsaufgabe
Summand
Summe
Pluszeichen
Summand

Ich kann jetzt … ✓
… die Fachbegriffe der Addition richtig benennen. ○

Halbschriftliche Addition · Grundrechenarten – Addition — Test

1 Rechne die Aufgabe aus.

a 400 + 200 = 600 | 50 + 30 = 80 | 1 + 7 = 8
b 2 + 5 = 7 | 40 + 20 = 60 | 800 + 100 = 900
c 500 + 400 = 900 | 10 + 30 = 40 | 6 + 2 = 8
d 8 + 1 = 9 | 10 + 10 = 20 | 300 + 400 = 700

Tipp zum Lösen der Aufgabe: Merkkasten 1 „Halbschriftliche Addition" b

2 Rechne die Aufgabe halbschriftlich aus und schreibe deinen Rechenweg auf. **

a 348 + 231 = 579
300 + 200 = 500
40 + 30 = 70
8 + 1 = 9

b 109 + 250 = 359
100 + 200 = 300
0 + 50 = 50
9 + 0 = 9

Tipp zum Lösen der Aufgabe: Merkkasten 1 „Halbschriftliche Addition" b

3 Rechne die Aufgabe halbschriftlich aus und schreibe deinen Rechenweg auf. **

a 348 + 273 = 621
348 + 200 = 548
548 + 70 = 618
618 + 3 = 621

b 109 + 235 = 344
109 + 200 = 309
309 + 30 = 339
339 + 5 = 344

Tipp zum Lösen der Aufgabe: Merkkasten 1 „Halbschriftliche Addition" c

4 Welche Rechenwege der halbschriftlichen Addition kennst du? Beschreibe zwei. **

1) Ich kenne den Weg, bei dem man erst alle H, dann alle Z und danach alle E beider Zahlen addiert. Anschließend muss man alle Ergebnisse addieren.

2) Und ich kenne den Weg, bei dem man zu der ersten Zahl erst die H, danach die Z und dann die E der zweiten Zahl addiert.

Tipp zum Lösen der Aufgabe: Merkkasten 1 „Halbschriftliche Addition" a, b und c

** Beispiellösung

Halbschriftliche Addition · Grundrechenarten – Addition

Hinweis

1 Halbschriftliche Addition

a Um Plusaufgaben mit und ohne Zehnerübergang zu lösen, gibt es verschiedene **Rechenwege**. Zwei davon sind:

- **Rechenweg 1**: Addieren einzelner Stellenwerte beider Summanden und Zusammenrechnen der Ergebnisse
- **Rechenweg 2**: Addieren der Stellenwerte von Summand 2 zu Summand 1

1 Finde die Lösung der Geheimschrift. Rechne die Aufgabe aus.

448	+	271	=	719
□□□□	+	□□	=	□□□□□□ □
||||	+	||||| ||	=	||||| |||| | = □ |
....	+	.	=	....

2 Wie funktioniert die Geheimschrift? Gibt es eine Stelle, bei der du besonders aufpassen musst? Beschreibe. **

Bei der Geheimschrift werden Stellenwerte unterschiedlich dargestellt und einzeln zusammengerechnet. Aufpassen muss ich bei den Zehnern (Striche). Hier muss ich zehn Zehner zu einem Hunderter bündeln, um einfacher rechnen zu können.

b **Rechenweg 1: Addieren einzelner Stellenwerte beider Summanden und Zusammenrechnen der Ergebnisse**

Schritt 1: Zerlege jede Zahl in ihre einzelnen Stellenwerte.

Schritt 2: Rechne die einzelnen Stellenwerte zusammen.

352 + 263 = 615

Hunderter:	300	+	200	=	500		
Zehner:	50	+	60	=	110	500 + 110 + 5 = 615	
Einer:	2	+	3	=	5		

Schritt 3: Rechne im Kopf die drei einzelnen Ergebnisse zusammen.

Schritt 4: Notiere das Ergebnis oben hinter der Aufgabe.

 ** Beispiellösung

Halbschriftliche Addition · Grundrechenarten – Addition

Hinweis

3 Rechne die Aufgabe halbschriftlich aus. Wende **Rechenweg 1** an.

a 521 + 197 = 718
500 + 100 = 600
20 + 90 = 110
1 + 7 = 8

b 423 + 136 = 559
400 + 100 = 500
20 + 30 = 50
3 + 6 = 9

4 Schaue dir die Rechnungen genau an.

a Kreise die Aufgaben mit Zehnerübergang ein. Markiere die Stellenwerte, bei denen der Zehnerübergang vorkommt.

516 + 231 = 747 — (782 + 157 = 939) — 241 + 325 = 566

(348 + 314 = 662) — 742 + 257 = 999 — 420 + 471 = 891

b Löse alle Rechnungen ohne Zehnerübergang aus **Teilaufgabe a** im Kopf, indem du die einzelnen Schritte rechnest und das Ergebnis gleich mitnotierst.

c Rechne die Aufgaben mit Zehnerübergang halbschriftlich aus. Wende **Rechenweg 1** an. Trage die Ergebnisse oben ein.

782 + 157 = 939
700 + 100 = 800
80 + 50 = 130
2 + 7 = 9

348 + 314 = 662
300 + 300 = 600
40 + 10 = 50
8 + 4 = 12

Halbschriftliche Addition · Grundrechenarten – Addition

Hinweis

c **Rechenweg 2: Addieren der Stellenwerte von Summand 2 zu Summand 1**

Bei diesem Rechenweg werden die einzelnen Stellenwerte von Summand 2 schrittweise zu Summand 1 dazugerechnet. Du kannst mit den Einern oder Hundertern beginnen.

352 + 263 = 615

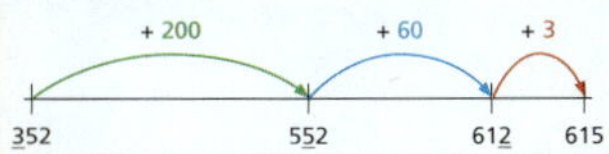

Achtung:
50 + 60 = 110.
Hier verändert sich also auch der Hunderter.

352 + 263 = 615

Schritt 1:	Hunderter:	352	+	200	=	552
Schritt 2:	Zehner:	552	+	60	=	612
Schritt 3:	Einer:	612	+	3	=	615

Schritt 4: Notiere das Ergebnis oben hinter der Aufgabe.

5 Rechne und notiere die einzelnen Schritte am Rechenstrich. Beginne hier mit den Einern.

423 + 541 = 964

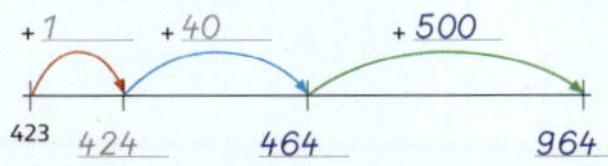

6 Rechne die Aufgabe halbschriftlich aus. Wende **Rechenweg 2** an. **

a 153 + 532 = 685
153 + 500 = 653
653 + 30 = 683
683 + 2 = 685

b 572 + 141 = 713
572 + 100 = 672
672 + 40 = 712
712 + 1 = 713

c 485 + 336 = 821
485 + 6 = 491
491 + 30 = 521
521 + 300 = 821

d 202 + 789 = 991
202 + 9 = 211
211 + 80 = 291
291 + 700 = 991

 ** Beispiellösung

Halbschriftliche Addition · Grundrechenarten – Addition

Vertiefung

Halbschriftliche Addition im Zahlenraum bis 1 000 000

Beide Rechenwege kannst du auch im Zahlenraum bis 1 000 000 anwenden.
Die einzelnen Rechnungen werden länger, du gehst aber ganz genauso vor.

1 Welcher Rechenweg fällt dir leichter? Rechne die Aufgabe auf diese Weise aus. **

356 423 + 135 921 = 492 344

356423 + 135921 = 492344
356423 + 100000 = 456423
456423 + 30000 = 486423
486423 + 5000 = 491423
491423 + 900 = 492323
492323 + 20 = 492343
492343 + 1 = 492344

2 Finde und markiere die Fehler. Schreibe die Aufgabe richtig daneben und rechne halbschriftlich.

602 103 + 40 737 = 640 130	602103 + 40737 = 642840
602 103 + 40 000 = 642 103	602103 + 40000 = 642103
642 103 + 7000 = 649 103	642103 + 700 = 642803
640 103 + 30 = 640 133	642803 + 30 = 642833
640 133 + 7 = 640 130	642833 + 7 = 642840

Ich kann jetzt …	✓
… halbschriftlich addieren, indem ich Rechenweg 1 anwende.	○
… halbschriftlich addieren, indem ich Rechenweg 2 anwende.	○
… im Zahlenraum bis 1 000 000 halbschriftlich addieren.	○

** Beispiellösung

Schriftliche Addition · Grundrechenarten – Addition (Test)

1 Rechne die Aufgabe schriftlich aus.

a 164 + 523 = 687 b 752 + 222 = 974 c 302 + 45 = 347

164	752	302
+ 523	+ 222	+ 45
687	974	347

Tipp: zum Lösen der Aufgabe: Merkkasten 1 „Schriftliche Addition" a

2 Rechne die Aufgabe schriftlich aus.

a 348 + 271 = 619 b 129 + 101 = 230 c 76 + 135 = 211

348	129	76
+ 271	+ 101	+ 135
1	1	1 1
619	230	211

Tipp: zum Lösen der Aufgabe: Merkkasten 1 „Schriftliche Addition" b

3 Finde und markiere den Fehler. Schreibe die Aufgabe richtig daneben und rechne schriftlich.

a 348 + 75 = 423 b 209 + 135 = 344

348	348	209	209
+ 75○	+ 75	+ 135	+ 135
1	1 1		1
1098	423	334	344

Tipp: zum Lösen der Aufgabe: Merkkasten 2 „Fehler finden" a und b

4 Finde die fehlenden Ziffern. Schreibe die Aufgabe richtig daneben und rechne schriftlich.

a ▪68	268	b 5▪▪	550
+ 71▪	+ 710	+ ▪59	+ 159
			1
978	978	709	709

Tipp: zum Lösen der Aufgabe: Merkkasten 2 „Fehler finden" a und b

32

Schriftliche Addition · Grundrechenarten – Addition (Hinweis)

1 Schriftliche Addition

a … ohne Zehnerübergang

Bei der schriftlichen Addition rechnest du die Stellenwerte einzeln zusammen. Dabei beginnst du immer mit den Einern.

1

	H	Z	E
	8	6	2
+	1	3	4
			6

2

	H	Z	E
	8	6	2
+	1	3	4
		9	6

3

	H	Z	E
	8	6	2
+	1	3	4
	9	9	6

1 Addiere die Stellenwerte einzeln. Trage die Ergebnisse in die Stellenwerttafel ein.

365 + 453 = 818

Einer: 5 E + 3 E = 8 E

** Zehner: 6 Z + 5 Z = 11 Z = 1 H 1 Z

Hunderter: 3 H + 4 H = 7 H

T	H	Z	E
	8	1	8

2 Was fällt dir bei der gelb markierten Spalte aus **Aufgabe 1** auf? Beschreibe. **

In jede Spalte der Stellenwerttafel darf ich nur eine Ziffer eintragen.

Bei den Zehnern muss ich also bündeln: 1 H 1 Z.

3 Bündele die Zahl.

a 11 E = 1 Z 1 E b 13 Z = 1 H 3 Z c 27 Z = 2 H 7 Z

b … mit Zehnerübergang

Entsteht beim Addieren in einer Spalte eine zweistellige Zahl, musst du bündeln. Du notierst den Übertrag als kleine Zahl in der nächsten Spalte über dem Summenstrich. Der Übertrag wird dann zu den anderen Ziffern in der Spalte addiert.

1

	T	H	Z	E
		8	6	8
+		1	7	8
			1	
				6

2

	T	H	Z	E
		8	6	8
+		1	7	8
		1	1	
			4	6

3

	T	H	Z	E
		8	6	8
+		1	7	8
	1	1	1	
		0	4	6

4

	T	H	Z	E
		8	6	8
+		1	7	8
	1	1	1	
	1	0	4	6

** Beispiellösung

33

Schriftliche Addition · Grundrechenarten – Addition (Hinweis)

2 Fehler finden

a Bei der schriftlichen Addition gibt es einige Regeln, die dir bei der Berechnung des richtigen Ergebnisses helfen.

4 Welchen Fehler beim Notieren der Summanden kannst du hier entdecken? Markiere den Fehler, schreibe die Aufgabe richtig auf und rechne schriftlich.

	Berichtigung	
6633		6633
+ 63○		+ 63
1		
12933		6696

** **Regel 1:** Ich achte darauf, dass ich die Summanden stellengerecht untereinanderschreibe.

5 Welchen Fehler beim Ausrechnen kannst du hier entdecken? Markiere den Fehler, schreibe die Aufgabe richtig auf und rechne schriftlich.

	Berichtigung	
7523		7523
+ 393		+ 393
○		1
7816		7916

** **Regel 2:** Wenn das Ergebnis einer Spalte zweistellig ist, notiere ich nur die Einer. Den Zehner schreibe ich als Übertrag in der nächsten Spalte über den Summenstrich.

b Rechenregeln

Um eine Aufgabe zu kontrollieren und Fehler zu finden, rechnest du die Aufgabe noch einmal nach und achtest dabei auf die Einhaltung der Rechenregeln:

- **Regel 1:** Stellengerechte Schreibweise
- **Regel 2:** Richtige Notation und Addition des Übertrags
- **Regel 3:** Richtige Addition

34 ** Beispiellösung

Schriftliche Addition · Grundrechenarten – Addition (Vertiefung)

Schriftliche Addition im Zahlenraum bis 1 000 000

Bei der schriftlichen Addition im Zahlenraum bis 1 000 000 gehst du genau gleich vor. Gibt es mehr als zwei Summanden, schreibst du sie stellengerecht untereinander und addierst stellenweise.

	M	HT	ZT	T	H	Z	E
		2	1	1	9	5	3
		8	2	4	1	7	4
+			5	3	0	2	1
	1			1	1		
	1	0	8	9	1	4	8

! Denke an den Übertrag, wenn das Ergebnis einer Teilrechnung zweistellig ist.

1 Rechne die Aufgabe schriftlich aus.

a 532 + 33 081 + 43 = 33 656 b 3026 + 66 + 428 = 3 520

532	3026
33081	66
+ 43	+ 428
1	1 2
33656	3520

2 Löse die Sachaufgabe. Rechne die Aufgabe schriftlich aus.

Der Schulhof der Westschule in Gießen wird renoviert und erhält neue Spielgeräte. Das Klettergerüst kostet 24 532 €, die Tischtennisplatte 960 € und der Sandkasten 2 986 €.

Frage: Wie viel kosten die Spielgeräte zusammen?

Rechnung:

24532 €
960 €
+ 2986 €
2 1
28478 €

Antwort: Die Spielgeräte kosten zusammen 28 478 €.

35

Schriftliche Addition · Grundrechenarten – Addition

Vertiefung

3 Finde und markiere die Fehler. Schreibe die Aufgabe richtig daneben und rechne schriftlich.

Fehlerhafte Aufgabe	Richtig
3 4 8 7 0	34870
7 4 0 5 7	74057
+ 5 0 0	+ 500
(Übertrag 1; fehlende Überträge markiert)	Übertrag: 1 1 1
1 0 8 (3) 2 7	109427

4 Finde die fehlenden Ziffern. Schreibe die Aufgabe richtig daneben und rechne schriftlich.

Aufgabe mit Klecksen	Richtig
6 5 ● 8 3 ●	653831
● 2 3 4 5 6	123456
+ 2 ● 1 3	+ 2513
1 ● 1	Übertrag: 1 1 1
7 7 9 8 0 0	779800

5 Bilde mit den Ziffern von 0–9 zwei fünfstellige Summanden, sodass du bei der Addition einmal die größte und einmal die kleinste Summe erhältst. Du darfst jede Ziffer pro Teilaufgabe nur einmal verwenden.

a Die größte Summe ist: 183 951.

$$\begin{array}{r} 97531 \\ +\ 86420 \\ \hline 183951 \end{array}$$

(Übertrag: 1 1)

b Die kleinste Summe ist: 34 047.

$$\begin{array}{r} 10468 \\ +\ 23579 \\ \hline 34047 \end{array}$$

(Übertrag: 1 1 1)

Ich kann jetzt …	✓
… mehrere Summanden stellengerecht untereinanderschreiben.	○
… schriftlich mit und ohne Übertrag addieren.	○
… Fehler in schriftlichen Additionsaufgaben finden und berichtigen.	○
… fehlende Ziffern in schriftlichen Additionsaufgaben finden.	○
… im Zahlenraum bis 1 000 000 schriftlich addieren.	○

Fachbegriffe · Grundrechenarten – Subtraktion

Übung

Fachbegriffe der Subtraktion

Ab jetzt benutzen wir folgende **Fachbegriffe**:

Subtraktionsaufgabe:

Minuend	–	Subtrahend	=	Differenz
850	–	200	=	650

Bei einer Subtraktionsaufgabe wird mindestens eine Zahl von einer anderen Zahl **subtrahiert**:

- Die erste Zahl heißt **Minuend**.
- Die zweite Zahl heißt **Subtrahend**.
- Das Ergebnis heißt **Differenz**.

Subtrahend ↓ 850 – 200 = 650 ← Subtraktionsaufgabe; ↑ Minuend, ↑ Differenz

(!) Du erkennst die Subtraktionsaufgabe an dem **Minuszeichen** (–) und daran, dass die größere Zahl vorne steht.

1 Finde sechs Fachbegriffe zum Thema „Subtraktion“ im Wortsuchrätsel (vertikal, horizontal).

a Male die Wörter bunt an.

D	L	V	S	U	B	T	R	A	K	T	I	O	N	S	A	U	F	G	A	B	E	W	G
I	N	Z	X	Z	C	O	N	C	J	C	J	G	Y	Y	K	F	Y	L	H	G	Z	H	W
F	Z	J	M	O	K	M	I	N	U	S	Z	E	I	C	H	E	N	M	F	I	M	X	K
F	N	I	I	V	J	V	Z	P	W	Z	X	F	C	U	X	X	O	Q	K	X	G	Q	G
E	L	J	N	O	Q	G	X	Y	Q	M	S	U	B	T	R	A	H	I	E	R	E	N	P
R	Y	L	U	K	X	F	B	U	I	P	Q	H	W	B	G	M	Z	U	Z	S	M	P	R
E	U	Y	E	H	U	Y	C	G	S	T	U	Q	S	G	B	S	Y	Q	G	F	D	G	M
N	W	J	N	C	M	E	N	X	O	Z	K	N	K	S	P	K	I	Y	D	F	B	B	P
Z	I	V	D	B	Y	N	F	Z	L	G	S	U	B	T	R	A	H	E	N	D	N	J	J

b Notiere die sechs Fachbegriffe zur Subtraktion aus dem Wortsuchrätsel von **Teilaufgabe a**.

Ich kann jetzt …	✓
… die Fachbegriffe der Subtraktion richtig benennen.	○

Halbschriftliche Subtraktion · Grundrechenarten – Subtraktion

Test

1 Rechne die Aufgabe halbschriftlich aus.

Tipp zum Lösen der Aufgabe: Merkkasten 1 „Halbschriftliche Subtraktion“ a

a	400 – 200 = 200	50 – 30 = 20	9 – 7 = 2
b	9 – 6 = 3	80 – 40 = 40	900 – 100 = 800
c	700 – 500 = 200	20 – 10 = 10	8 – 5 = 3
d	7 – 2 = 5	90 – 50 = 40	400 – 300 = 100

2 Rechne die Aufgabe halbschriftlich aus und schreibe deinen Rechenweg auf. **

Tipp zum Lösen der Aufgabe: Merkkasten 1 „Halbschriftliche Subtraktion“ a

a 348 – 231 = 117
300 – 200 = 100
40 – 30 = 10
8 – 1 = 7

b 129 – 103 = 26
100 – 100 = 0
20 – 0 = 20
9 – 3 = 6

3 Rechne die Aufgabe halbschriftlich aus und schreibe deinen Rechenweg auf. **

Tipp zum Lösen der Aufgabe: Merkkasten 1 „Halbschriftliche Subtraktion“ b

a 348 – 273 = 75
348 – 200 = 148
148 – 70 = 78
78 – 3 = 75

b 209 – 135 = 74
209 – 100 = 109
109 – 30 = 79
79 – 5 = 74

4 Welchen Rechenweg würdest du bei dieser Aufgabe wählen? Begründe. **

Tipp zum Lösen der Aufgabe: Merkkasten 1 „Halbschriftliche Subtraktion“ c

802 – 798 = 4

Da beide Zahlen sehr nah beieinanderliegen, würde ich ergänzen. Ich überlege, wie viele Einerschritte es von 798 bis zu 802 sind. Es sind 4 Schritte – das Ergebnis ist also 4.

 ** Beispiellösung

Halbschriftliche Subtraktion · Grundrechenarten – Subtraktion

Hinweis

1 Halbschriftliche Subtraktion

a Um Minusaufgaben mit und ohne Zehnerübergang zu lösen, gibt es verschiedene **Rechenwege**. Drei davon sind:

- **Rechenweg 1** – ohne Zehnerübergang: Subtrahieren einzelner Stellenwerte von Minuend/Subtrahend und Zusammenrechnen der Ergebnisse
- **Rechenweg 2** – mit Zehnerübergang: Subtrahieren der Stellenwerte des Subtrahenden vom Minuenden
- **Rechenweg 3** – mit und ohne Zehnerübergang: Ergänzen

Rechenweg 1 – ohne Zehnerübergang: Subtrahieren einzelner Stellenwerte von Minuend/Subtrahend und Zusammenrechnen der Ergebnisse

Schritt 1: Zerlege jede Zahl in ihre einzelnen Stellenwerte.

Schritt 2: Ziehe die einzelnen Stellenwerte voneinander ab.

352 – 231 = 121

Hunderter:	300 – 200 = 100	100 + 20 + 1 = (121)
Zehner:	50 – 30 = 20	
Einer:	2 – 1 = 1	

Schritt 3: Rechne im Kopf die einzelnen Ergebnisse zusammen.

Schritt 4: Notiere das Ergebnis oben hinter der Aufgabe.

1 Rechne die Aufgabe halbschriftlich aus. Wende **Rechenweg 1** an.

a 436 – 123 = 313
400 – 100 = 300
30 – 20 = 10
6 – 3 = 3

b 547 – 115 = 432
500 – 100 = 400
40 – 10 = 30
7 – 5 = 2

c 324 – 123 = 201
300 – 100 = 200
20 – 20 = 0
4 – 3 = 1

d 986 – 442 = 544
900 – 400 = 500
80 – 40 = 40
6 – 2 = 4

Halbschriftliche Subtraktion · Grundrechenarten – Subtraktion · Hinweis

2 Löse die Sachaufgabe. Rechne halbschriftlich. **

Die Grundschule Waldau wird von 243 Kindern besucht. Mittags fahren 132 Kinder nach Hause, der Rest geht in die Betreuung.

Frage: Wie viele Kinder bleiben in der Betreuung?

Rechnung:

243 – 132 = 111
200 – 100 = 100
40 – 30 = 10
3 – 2 = 1

Antwort: Es bleiben 111 Kinder in der Betreuung.

b Rechenweg 2 – mit Zehnerübergang: Subtrahieren der Stellenwerte des Subtrahenden vom Minuenden

Bei diesem Rechenweg werden die einzelnen Stellenwerte des Subtrahenden schrittweise vom Minuenden abgezogen. Du kannst mit den Einern oder Hundertern beginnen.

565 – 283 = 282

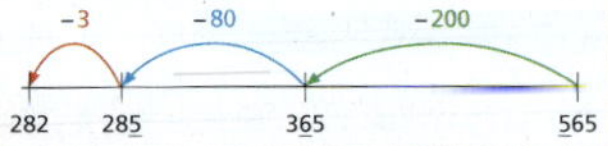

Achtung: 60 – 80 geht nicht. Hier musst du entbündeln.

565 – 283 = 282

Schritt 1: Hunderter: 565 – 200 = 365
Schritt 2: Zehner: 365 – 80 = 285
Schritt 3: Einer: 285 – 3 = 282
Schritt 4: Notiere das Ergebnis oben hinter der Aufgabe.

3 Rechne und notiere die einzelnen Schritte am Rechenstrich. Beginne hier mit den Einern.

645 – 174 = 471

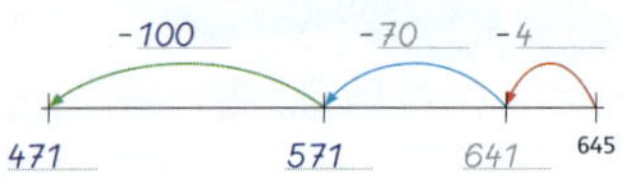

Halbschriftliche Subtraktion · Grundrechenarten – Subtraktion · Hinweis

4 Rechne die Aufgabe halbschriftlich aus. Wende Rechenweg 2 an. **

a
553 – 182 = 371
553 – 100 = 453
453 – 80 = 373
373 – 2 = 371

b
572 – 113 = 459
572 – 3 = 569
569 – 10 = 559
559 – 100 = 459

c Rechenweg 3 – mit und ohne Zehnerübergang: Ergänzen

Die Differenz errechnest du, indem du herausfindest, wie viel von der kleineren bis zur größeren Zahl fehlt.

533 – 261 = ☐

Schritt 1: Fülle die fehlenden Einer bis zum nächsten Zehner auf.
Schritt 2: Fülle die fehlenden Zehner bis zum nächsten Hunderter auf.
Schritt 3: Fülle die fehlenden Hunderter auf.
Schritt 4: Fülle die fehlende Differenz auf.

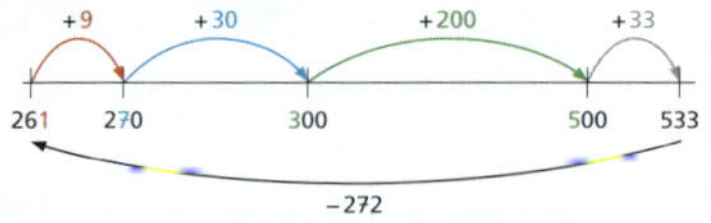

Schritt 5: Rechne im Kopf die einzelnen Schritte zusammen. 9 + 30 + 200 + 33 = 272
Schritt 6: Notiere das Ergebnis hinter der Aufgabe. 533 – 261 = 272

5 Rechne die Aufgabe halbschriftlich aus. Wende Rechenweg 3 an.

a
564 – 235 = 329
235 + 5 = 240
240 + 60 = 300
300 + 200 = 500
500 + 64 = 564

b
602 – 598 = 4
598 + 2 = 600
600 + 2 = 602

Halbschriftliche Subtraktion · Grundrechenarten – Subtraktion · Vertiefung

Halbschriftliche Subtraktion im Zahlenraum bis 1 000 000

Die drei Rechenwege kannst du auch im Zahlenraum bis 1 000 000 anwenden.
Die einzelnen Rechnungen werden länger, du gehst aber ganz genauso vor.

1 Schaue dir die Rechnungen genau an.

a Kreise die Aufgaben mit Zehnerübergang ein. Markiere die Stellenwerte, bei denen der Zehnerübergang vorkommt.

6002 – 5999   7831 – 2510   7532 – 5555

b Wähle einen passenden Rechenweg. Rechne die Aufgaben halbschriftlich aus. **

6002 – 5999 = 3   7831 – 2510 = 5321   7532 – 5555 = 1977

Rechenweg: 3   Rechenweg: 1   Rechenweg: 2

6002 – 5999 = 3
5999 + 1 = 6000
6000 + 2 = 6002

7831 – 2510 = 5321
7000 – 2000 = 5000
800 – 500 = 300
30 – 10 = 20
1 – 0 = 1

7532 – 5555 = 1977
7532 – 5000 = 2532
2532 – 500 = 2032
2032 – 50 = 1982
1982 – 5 = 1977

Halbschriftliche Subtraktion · Grundrechenarten – Subtraktion · Vertiefung

2 Löse die Sachaufgabe.

Für einen Faschingsumzug werden 123 450 Bonbons auf die Wagen geladen. Auf der ersten Hälfte der Strecke wurden schon 61 670 Bonbons in die Menge geworfen.

a Rechne die Aufgabe halbschriftlich aus. **

Frage: Wie viele Bonbons können auf der zweiten Hälfte der Strecke noch geworfen werden?

Rechnung:

123450 – 61670 = 61780
123450 – 60000 = 63450
63450 – 1000 = 62450
62450 – 600 = 61850
61850 – 70 = 61780

Antwort: Auf der zweiten Hälfte der Strecke können noch 61 780 Bonbons geworfen werden.

b Rechne die Aufgabe halbschriftlich aus, indem du ergänzt.

Frage: Wie viele Bonbons mehr können auf der zweiten Hälfte geworfen werden?

Rechnung:

61780 – 61670 = 110
61670 + 30 = 61700
61700 + 80 = 61780

Antwort: Auf der zweiten Hälfte können 110 Bonbons mehr geworfen werden.

Ich kann jetzt …	✓
… halbschriftlich subtrahieren, indem ich Rechenweg 1 anwende.	○
… halbschriftlich subtrahieren, indem ich Rechenweg 2 anwende.	○
… halbschriftlich subtrahieren, indem ich Rechenweg 3 anwende.	○
… im Zahlenraum bis 1 000 000 halbschriftlich subtrahieren.	○

Schriftliche Subtraktion · Grundrechenarten – Subtraktion

Test

1 Rechne die Aufgabe schriftlich aus.

a 542 – 431 = 111 b 765 – 222 = 543 c 978 – 45 = 933

```
  542     765     978
– 431   – 222   –  45
  111     543     933
```

Tipp zum Lösen der Aufgabe: Merkkasten 1 „Schriftliche Subtraktion" a

2 Rechne die Aufgabe schriftlich aus.

a 549 – 262 = 287 b 161 – 107 = 54 c 535 – 87 = 448

```
  549     161     535
– 262   – 107   –  87
   1        1      11
  287      54     448
```

Tipp zum Lösen der Aufgabe: Merkkasten 1 „Schriftliche Subtraktion" b

3 Finde und markiere die Fehler. Schreibe die Aufgabe richtig daneben und rechne schriftlich.

a 867 – 75 = 792 b 319 – 237 = 82

```
  867      867       319      319
– 75(○)  –  75     – 237    – 237
             1       (○)       1
  117      792      1(2)2      82
```

Tipp zum Lösen der Aufgabe: Merkkasten 2 „Fehler finden" a und b

4 Finde die fehlenden Ziffern. Schreibe die Aufgabe richtig daneben und rechne schriftlich.

```
a   ●68      868     b  5●●     529
  – 73●    – 736       – ●59   – 459
                                 1
    132      132         ●70      70
```

Tipp zum Lösen der Aufgabe: Merkkasten 2 „Fehler finden" a und b

44

Schriftliche Subtraktion · Grundrechenarten – Subtraktion

Hinweis

1 Schriftliche Subtraktion

a … ohne Zehnerübergang

Bei der schriftlichen Subtraktion ziehst du die einzelnen Stellenwerte voneinander ab. Dabei beginnst du immer mit den Einern.

1

H	Z	E
9	6	5
– 1	2	4
		1

2

H	Z	E
9	6	5
– 1	2	4
	4	1

3

H	Z	E
9	6	5
– 1	2	4
8	4	1

1 Stelle die Subtraktion dar. Rechne die Aufgabe schriftlich aus.

a 462 – 121 → Einer: / Zehner: |||||| Hunderter: □□□□

```
  462
– 121
  341
```

b 297 – 157 → Einer: ||||||| Zehner: ||||||||| Hunderter: □□

```
  297
– 157
  140
```

b … mit Zehnerübergang

Schritt 1: Wenn der Minuend kleiner ist als der Subtrahend, erweiterst du den Minuenden so, dass du den Subtrahenden abziehen kannst.

2 – 9 geht nicht
12 – 9 = 3

Schritt 2: Notiere den Übertrag als kleine Zahl in der nächsten Spalte über dem Rechenstrich. Die Höhe des Übertrags hängt davon ab, um wie viel du vorher erweitert hast (im Beispiel: 1).

Schritt 3: Addiere den Übertrag immer zum Subtrahenden in der Spalte.

1

H	Z	E
5	5	2
– 1	7	9
	1	
		3

2

H	Z	E
5	5	2
– 1	7	9
1	1	
	7	3

3

H	Z	E
5	5	2
– 1	7	9
1	1	
3	7	3

45

Schriftliche Subtraktion · Grundrechenarten – Subtraktion

Hinweis

2 Rechne die Aufgabe schriftlich aus. Markiere die Spalten, in denen ein Übertrag nötig ist.

a 645 – 471 = 174 b 654 – 421 = 233 c 291 – 146 = 145

```
  645     654     291
– 471   – 421   – 146
   1               1
  174     233     145
```

d 798 – 219 = 579 e 975 – 864 = 111 f 525 – 170 = 355

```
  798     975     525
– 219   – 864   – 170
   1               1
  579     111     355
```

3 Schaue dir die Aufgaben genau an.

a Markiere die Spalten, in denen ein Übertrag nötig ist, ohne die Aufgaben vorher auszurechnen.

```
  572     824     742
– 415   – 641   – 264
```

b Woran hast du die Spalten erkannt? Beschreibe. **

Wenn in einer Spalte der Minuend kleiner ist als der Subtrahend, dann kann ich den Subtrahenden nicht einfach vom Minuenden abziehen.

c Rechne die Aufgaben jetzt schriftlich aus.

```
  572     824     742
– 415   – 641   – 264
   1      1       11
  157     183     478
```

46 ** Beispiellösung

Schriftliche Subtraktion · Grundrechenarten – Subtraktion

Hinweis

2 Fehler finden

a Bei der schriftlichen Subtraktion gibt es einige Regeln, die dir bei der Berechnung des richtigen Ergebnisses helfen.

4 Welchen Fehler beim Notieren des Minuenden und Subtrahenden kannst du hier entdecken? Markiere den Fehler, schreibe die Aufgabe richtig auf und rechne schriftlich. **

```
  8565                   8565
– 63(○)   Berichtigung  –  63
  2265                   8502
```

Regel 1: Ich achte darauf, dass ich Minuend und Subtrahend stellengerecht untereinanderschreibe.

5 Welchen Fehler beim Ausrechnen kannst du hier entdecken? Markiere den Fehler, schreibe die Aufgabe richtig auf und rechne schriftlich. **

```
  7523                   7523
–  393    Berichtigung  –  393
   (○)                     1
  7230                   7130
```

Regel 2: Kann ich in einer Spalte den Subtrahenden nicht vom Minuenden abziehen, muss ich den Minuenden erweitern. Den Übertrag notiere ich in der nächsten Spalte über dem Rechenstrich.

b Rechenregeln

Um eine Aufgabe zu kontrollieren und Fehler zu finden, rechnest du die Aufgabe noch einmal nach und achtest dabei auf die Einhaltung der Rechenregeln:

- **Regel 1:** Stellengerechte Schreibweise
- **Regel 2:** Richtige Notation und Addition des Übertrags
- **Regel 3:** Richtige Subtraktion

** Beispiellösung 47

Schriftliche Subtraktion · Grundrechenarten – Subtraktion
Vertiefung

Schriftliche Subtraktion im Zahlenraum bis 1 000 000

Schritt 1: Schreibe den Minuenden und alle Subtrahenden stellengerecht untereinander und rechne stellenweise.

Schritt 2: Addiere erst die Stellenwerte aller Subtrahenden und ziehe sie dann vom Stellenwert des Minuenden ab. Beginne immer mit den Einern.

4 + 3 = 7
3 – 7 geht nicht

Schritt 3: Erweitere die Einerstelle des Minuenden so, dass du die Subtrahenden davon abziehen kannst. Schreibe den Übertrag in die nächste Spalte auf den Rechenstrich (im Beispiel: 1).

13 – 7 = 6

Schritt 4: Wenn in einer Spalte die Summe der Subtrahenden sehr groß ist, kann es sein, dass du einen größeren Übertrag notieren musst (im Beispiel: 2).

9 + 9 + 1 = 19
2 – 19 geht nicht
12 – 19 geht immer noch nicht
22 – 19 = 3

	M	HT	ZT	T	H	Z	E
	1	0	5	1	2	3	3
		3	2	4	9	2	4
–			1	3	9	2	3
						1	
							6

…

	M	HT	ZT	T	H	Z	E
	1	0	5	1	2	3	3
		3	2	4	9	2	4
–			1	3	9	2	3
	1		1	2	1	1	
		7	1	2	3	8	6

1 Rechne die Aufgabe schriftlich aus. Markiere die Spalten, in denen ein größerer Übertrag als 1 entsteht.

a 7 588 – 863 – 1 729 = 4996

	7	5	8	8
		8	6	3
–	1	7	2	9
	2	1	1	
	4	9	9	6

b 584 563 – 190 999 – 56 648 = 336916

	5	8	4	5	6	3
	1	9	0	9	9	9
–		5	6	6	4	8
	1	1	2	1	2	
	3	3	6	9	1	6

Schriftliche Subtraktion · Grundrechenarten – Subtraktion
Vertiefung

2 Löse die Sachaufgabe. Rechne schriftlich.

Ein Jahr mit 365 Tagen besteht insgesamt aus 525 600 Minuten. Wenn du jeden Tag durchschnittlich 9 Stunden lang schläfst, wären das im Jahr 197 100 Minuten Schlaf. Rechnen wir an etwa 100 Wochenendtagen noch jeweils 60 Minuten hinzu, erhöht sich die Schlafzeit noch einmal um 6 000 Minuten.

Frage: Wie viele Minuten im Jahr bist du etwa wach?

Rechnung:

	5	2	5	6	0	0	min
	1	9	7	1	0	0	min
–			6	0	0	0	min
	1	1					
	3	2	2	5	0	0	min

Antwort: Ich bin etwa 322 500 min im Jahr wach.

3 Finde die fehlenden Ziffern. Schreibe die Aufgabe richtig daneben und rechne schriftlich.

a

	7	4	5	8	5	6
	2	2	0	5	3	5
–			6	0	0	1
			1			
	5	1	9	3	2	0

b

	9	5	6	2	3	1
		2	3	5	8	3
–	1	5	2	1	9	4
	1		1	2	1	
	7	8	0	4	5	4

Ich kann jetzt …	✓
… Minuend und Subtrahend stellengerecht untereinanderschreiben.	◯
… schriftlich mit und ohne Übertrag subtrahieren.	◯
… Fehler in schriftlichen Subtraktionsaufgaben finden und berichtigen.	◯
… fehlende Ziffern in schriftlichen Subtraktionsaufgaben finden.	◯
… im Zahlenraum bis 1 000 000 schriftlich subtrahieren.	◯

Fachbegriffe · Grundrechenarten – Multiplikation
Übung

Fachbegriffe der Multiplikation

Ab jetzt benutzen wir folgende **Fachbegriffe**:

Multiplikationsaufgabe: 1. Faktor · 2. Faktor = Produkt
5 · 8 = 40

Bei einer Multiplikationsaufgabe werden mindestens zwei Zahlen miteinander **multipliziert**:

- Die erste Zahl heißt **erster Faktor**.
- Die zweite Zahl heißt **zweiter Faktor**.
- Das Ergebnis heißt **Produkt**.

2. Faktor
5 · 8 = 40 ← Multiplikationsaufgabe
1. Faktor Produkt

(!) Du erkennst die Multiplikationsaufgabe an dem **Malzeichen** (·).

1 Finde sechs Fachbegriffe zum Thema „Multiplikation" im Wortsuchrätsel (vertikal, horizontal).

a Male die Wörter bunt an.

M	U	L	T	I	P	L	I	Z	I	E	R	E	N	L	V	W	G	U	N	Z	X	Z	C
O	N	C	J	M	A	L	Z	E	I	C	H	E	N	C	J	G	Y	Z	Y	J	K	F	Y
L	H	U	Z	H	W	Z	J	U	O	S	M	G	I	C	X	P	K	F	N	C	I	Y	E
J	V	Z	P	W	Z	X	F	C	U	X	X	O	Q	K	X	R	G	A	H	F	S	L	J
C	O	Q	G	X	Y	Q	M	P	Y	L	G	K	X	F	B	O	U	K	J	A	P	Q	H
W	B	G	M	Z	U	U	A	U	P	R	U	Y	S	H	Q	D	S	T	J	K	B	S	Y
N	G	W	D	G	M	W	J	T	C	M	E	N	X	O	E	U	K	O	Z	T	K	S	S
O	L	Y	D	F	B	B	P	I	V	U	B	Y	N	F	Z	K	T	R	G	O	N	J	J
G	M	U	L	T	I	P	L	I	K	A	T	I	O	N	M	T	Q	Q	M	R	K	P	Y

b Notiere die sechs Fachbegriffe zur Multiplikation aus dem Wortsuchrätsel von Teilaufgabe a.

Ich kann jetzt …	✓
… die Fachbegriffe der Multiplikation richtig benennen.	◯

Halbschriftliche Multiplikation · Grundrechenarten – Multiplikation
Test

1 Rechne die Aufgabe halbschriftlich aus und schreibe deinen Rechenweg auf.

Tipp: zum Lösen der Aufgabe: Merkkasten 1 „Halbschriftliche Multiplikation" a und b

a 3 · 73 = 219
3 · 70 = 210
3 · 3 = 9

b 5 · 137 = 685
5 · 100 = 500
5 · 30 = 150
5 · 7 = 35

2 Rechne die Aufgabe halbschriftlich aus und schreibe deinen Rechenweg auf.

Tipp: zum Lösen der Aufgabe: Merkkasten 1 „Halbschriftliche Multiplikation" a und b

a 32 · 2 = 64
30 · 2 = 60
2 · 2 = 4

b 109 · 5 = 545
100 · 5 = 500
9 · 5 = 45

c 27 · 4 = 108
20 · 4 = 80
7 · 4 = 28

d 207 · 3 = 621
200 · 3 = 600
7 · 3 = 21

3 Löse die Aufgabe mit dem Malkreuz.

Tipp: zum Lösen der Aufgabe: Merkkasten 1 „Halbschriftliche Multiplikation" a und c

a 12 · 62 = 744

·	60	2	
10	600	20	620
2	120	4	124
	720	24	744

b 23 · 36 = 828

·	30	6	
20	600	120	720
3	90	18	108
	690	138	828

c 44 · 18 = 792

·	10	8	
40	400	320	720
4	40	32	72
	440	352	792

d 15 · 51 = 765

·	50	1	
10	500	10	510
5	250	5	255
	750	15	765

Halbschriftliche Multiplikation · Grundrechenarten – Multiplikation · Hinweis

1 Halbschriftliche Multiplikation

a Es gibt Multiplikationsaufgaben …
… mit einem einstelligen Faktor. … mit zwei mehrstelligen Faktoren.
3 · 325 53 · 14
Bei beiden Aufgabentypen ist es hilfreich, die einzelnen Stellenwerte zu betrachten.

1 Löse die Aufgabe, indem du den zweiten Faktor schrittweise zerlegst. **

a Zeichne die Zerlegung und rechne.

6 · 152 = 912

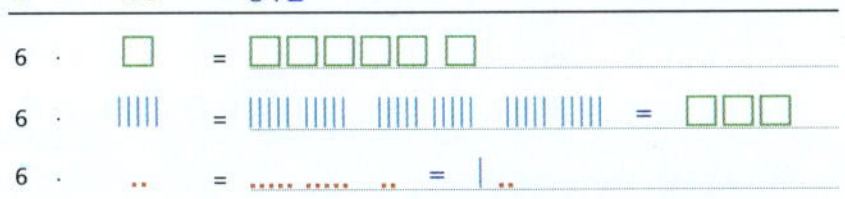

b Gibt es noch eine andere Möglichkeit, das Ergebnis der Teilrechnung **6 · 50** darzustellen? Begründe und zeichne.

Ja, ich kann die Zehner zu Hundertern bündeln. 6 · 50 ergibt 300, ich kann also 300 auch mit 3 Hunderterplatten darstellen: □□□.

b Halbschriftliche Multiplikationsaufgaben mit einem einstelligen Faktor

Schritt 1: Zerlege den mehrstelligen Faktor in seine Stellenwerte.
Schritt 2: Multipliziere jeden Stellenwert einzeln mit dem einstelligen Faktor.

3 · 325 = 975

Hunderter: 3 · 300 = 900
Zehner: 3 · 20 = 60
Einer: 3 · 5 = 15
900 + 60 + 15 = 975

Schritt 3: Rechne im Kopf die einzelnen Ergebnisse zusammen.
Schritt 4: Notiere das Ergebnis oben hinter der Aufgabe.

52 ** Beispiellösung

Halbschriftliche Multiplikation · Grundrechenarten – Multiplikation · Hinweis

c Halbschriftliche Multiplikationsaufgaben mit zwei mehrstelligen Faktoren

Hierbei kann dir das **Malkreuz** helfen.

Beispiel:

53 · 14 = 742

Schritt 1: Zerlege die Faktoren und notiere die einzelnen Stellenwerte außen in der Tabelle.
53 = 50 + 3
14 = 10 + 4

Schritt 2: Multipliziere die einzelnen Stellenwerte miteinander.
50 · 10 = 500
50 · 4 = 200
3 · 10 = 30
3 · 4 = 12

Schritt 3: Addiere die Zwischenprodukte in jeder Zeile und notiere die Summe rechts am Rand. Addiere ebenfalls die Zwischenprodukte in jeder Spalte und notiere die Summe unten am Rand.
500 + 200 = 700
30 + 12 = 42
500 + 30 = 530
200 + 12 = 212

Schritt 4: Addiere die Zwischenprodukte und du erhältst das Endergebnis.
700 + 42 = 742
530 + 212 = 742

·	10	4	
50	500	200	700
3	30	12	42
	530	212	742

2 Löse die Aufgabe mit dem Malkreuz.

a 46 · 21 = 966

·	20	1	
40	800	40	840
6	120	6	126
	920	46	966

b 53 · 18 = 954

·	10	8	
50	500	400	900
3	30	24	54
	530	424	954

c 73 · 13 = 949

·	10	3	
70	700	210	910
3	30	9	39
	730	219	949

d 17 · 34 = 578

·	30	4	
10	300	40	340
7	210	28	238
	510	68	578

53

Halbschriftliche Multiplikation · Grundrechenarten – Multiplikation · Vertiefung

Halbschriftliche Multiplikation im Zahlenraum bis 1 000 000

Beide Rechenwege kannst du auch im Zahlenraum bis 1 000 000 anwenden.
Die einzelnen Rechnungen werden länger, du gehst aber ganz genauso vor.

1 Löse die Sachaufgabe. Wie viele Minuten hat ein Jahr? **
Ein Schaltjahr hat 366 Tage. Wenn du die Minutenanzahl eines Schaltjahres ausrechnen möchtest, musst du also mit 366 Tagen rechnen.

Schritt 1: Wie viele Stunden hat ein Jahr?
Rechne mit dem Malkreuz.

·	300	60	5	
20 h	6 000 h	1 200 h	100 h	7 300 h
4 h	1 200 h	240 h	20 h	1 460 h
	7 200 h	1 440 h	120 h	8 760 h

Ein Jahr hat 365 Tage.
Ein Tag hat 24 Stunden.

Antwort: Ein Jahr hat 8 760 Stunden.

Schritt 2: Wie viele Minuten hat ein Jahr?
Rechne halbschriftlich.

8 760 · 60 min = 525 600 min
8 000 · 60 min = 480 000 min
700 · 60 min = 42 000 min
60 · 60 min = 3 600 min

Ein Jahr hat 8 760 Stunden.
Eine Stunde hat 60 Minuten.

Antwort: Ein Jahr hat 525 600 Minuten.

54 ** Beispiellösung

Halbschriftliche Multiplikation · Grundrechenarten – Multiplikation · Vertiefung

2 Löse die Sachaufgabe. Rechne mit dem Malkreuz.

An einem Spieltag des Fußballvereins „Real Madrid" besuchen durchschnittlich 41 304 Menschen das Stadion. Jede Karte kostet durchschnittlich 96 €.

Frage: Wie viel nimmt der Verein durchschnittlich an einem Spieltag ein?

Rechnung:

·	90 €	6 €	
40000	3600000 €	240000 €	3840000 €
1000	90000 €	6000 €	96000 €
300	27000 €	1800 €	28800 €
0	0 €	0 €	0 €
4	360 €	24 €	384 €
	3717360 €	247824 €	3965184 €

Antwort: Der Verein nimmt durchschnittlich an einem Spieltag 3 965 184 € ein.

Ich kann jetzt …	✓
… halbschriftlich mit einem einstelligen Faktor multiplizieren.	○
… halbschriftlich mit zwei mehrstelligen Faktoren multiplizieren.	○
… im Zahlenraum bis 1 000 000 halbschriftlich multiplizieren.	○

55

Schriftliche Multiplikation · Grundrechenarten – Multiplikation (Test)

1 Ergänze die Tabelle.

		M	HT	ZT	T	H	Z	E
a	1 · 5 =							5
b	10 · 5 =						5	0
c	100 · 5 =					5	0	0
d	1 000 · 5 =				5	0	0	0
e	10 000 · 5 =			5	0	0	0	0

Tipp: zum Lösen der Aufgabe: Merkkasten 1 „Malaufgaben mit großen Zahlen" a und b

2 Rechne die Aufgabe aus.

a 4 · 7 = 28 b 3 · 5 = 15 c 9 · 2 = 18
d 6 · 1 = 6 e 2 · 8 = 16 f 7 · 5 = 35

Tipp: zum Lösen der Aufgabe: Merkkasten 1 „Malaufgaben mit großen Zahlen" a und b

3 Rechne die Aufgabe aus.

a 4 · 70 = 280 b 30 · 5 = 150 c 9 · 20 = 180
d 6 · 10 = 60 e 2 · 80 = 160 f 70 · 5 = 350

Tipp: zum Lösen der Aufgabe: Merkkasten 1 „Malaufgaben mit großen Zahlen" a und b

4 Rechne die Aufgabe aus.

a 40 · 70 = 2 800 b 30 · 50 = 1 500 c 90 · 20 = 1 800
d 60 · 10 = 600 e 20 · 80 = 1 600 f 70 · 50 = 3 500

Tipp: zum Lösen der Aufgabe: Merkkasten 1 „Malaufgaben mit großen Zahlen" a und b

5 Rechne die Aufgaben aus und setze fort.

a		b	
2 · 2 =	4	500 000 · 1 =	500 000
20 · 2 =	40	50 000 · 1 =	50 000
200 · 2 =	400	5 000 · 1 =	5 000
2 000 · 2 =	4 000	500 · 1 =	500
20 000 · 2 =	40 000	50 · 1 =	50
200 000 · 2 =	400 000	5 · 1 =	5

Tipp: zum Lösen der Aufgabe: Merkkasten 1 „Malaufgaben mit großen Zahlen" a und b

56

Schriftliche Multiplikation · Grundrechenarten – Multiplikation (Hinweis)

1 Malaufgaben mit großen Zahlen

a Um Malaufgaben mit großen Zahlen rechnen zu können, helfen dir Aufgaben mit kleineren Zahlen.

1 Ergänze die Tabelle.

a Markiere anschließend immer die Nullen einer Zeile in beiden Tabellen.

ZT	T	H	Z	E		ZT	T	H	Z	E
				3	· 2 =					6
			3	0	· 2 =				6	0
		3	0	0	· 2 =			6	0	0
	3	0	0	0	· 2 =		6	0	0	0
3	0	0	0	0	· 2 =	6	0	0	0	0

b Was fällt dir dabei auf? Beschreibe. **

Erweitert sich der erste Faktor um eine Null, wird auch das Ergebnis um eine Null erweitert.

2 Rechne die Aufgabe aus und setze fort.

a 2 · 4 = 8 → 2 · 40 = 80 → 2 · 400 = 800 → 2 · 4000 = 8000
b 9 · 1 = 9 → 9 · 10 = 90 → 9 · 100 = 900 → 9 · 1000 = 9000

b Der Trick mit der Null

Schaue dir die Aufgabe genau an. Rechne zuerst die kleine Aufgabe.

2 · 400 → 2 · 4 = 8

Die kleine Aufgabe hilft dir beim Lösen der großen Aufgabe.
Das Ergebnis bleibt gleich, nur die Anzahl der Nullen verändert sich.

(!) Wird einer der beiden Faktoren um eine Null erweitert, erweitert sich auch das Ergebnis um eine Null. Dabei ist es egal, welcher der beiden Faktoren betroffen ist oder ob beide erweitert werden.

2 · 4 = 8 2 · 40 = 80 2 · 400 = 800	2 · 4 = 8 20 · 4 = 80 200 · 4 = 800	2 · 4 = 8 20 · 40 = 800 200 · 400 = 80 000

** Beispiellösung

57

Schriftliche Multiplikation · Grundrechenarten – Multiplikation (Vertiefung)

Schriftliche Multiplikation

a Kannst du eine Aufgabe nicht durch eine kleine Aufgabe herleiten und sind die Zahlen zu groß, um sie im Kopf mal zu rechnen, musst du schriftlich multiplizieren.

Es gibt Multiplikationsaufgaben …

… mit einem einstelligen zweiten Faktor. 164 · 5
… mit einem mehrstelligen zweiten Faktor. 164 · 25

Bei beiden Aufgabentypen ist es hilfreich, die einzelnen Stellenwerte zu betrachten.

Schriftliche Multiplikation mit einem einstelligen zweiten Faktor

Schritt 1: Notiere die Aufgabe und ziehe einen Strich darunter.

Schritt 2: Beginne mit der Multiplikation der einzelnen Stellenwerte.

164 · 5
820

Einer:	5 · 4 E = 20 E	(Schreibe 0 E und merke 2 Z)
Zehner:	5 · 6 Z = 30 Z 30 Z + 2 Z = 32 Z	(Schreibe 2 Z und merke 3 H)
Hunderter:	5 · 1 H = 5 H 5 H + 3 H = 8 H	(Schreibe 8 H)

1 Rechne die Aufgabe erst halbschriftlich, dann schriftlich aus.

3 · 234 = 702

Einer:	3 · 4 = 12
Zehner:	3 · 30 = 90
Hunderter:	3 · 200 = 600

234 · 3
702

2 Worauf musst du bei der Teilrechnung 3 · 4 achten? Beschreibe. **

Das Ergebnis von 3 · 4 ist gleich 12. Ich schreibe 2 (E) und merke mir 1 (Z). Ich addiere zum Ergebnis der nächsten Teilrechnung 1 (Z) dazu.

3 Rechne die Aufgabe schriftlich aus.

a 465 · 3 = 1395
b 727 · 4 = 2908
c 122 · 5 = 610
d 398 · 6 = 2388

58 ** Beispiellösung

Schriftliche Multiplikation · Grundrechenarten – Multiplikation (Vertiefung)

b Schriftliche Multiplikation mit einem mehrstelligen zweiten Faktor

Schritt 1: Notiere die Aufgabe und ziehe einen Strich darunter. Beginne mit der Multiplikation von dem größten Stellenwert des 2. Faktors und den einzelnen Stellenwerten vom 1. Faktor. Notiere das erste Teilergebnis direkt unter den Stellenwert, mit dem du multipliziert hast (im Beispiel: 2).

Beispiel: 164 · 25
164 · 25
328

Schritt 2: Fülle hinten so viele Nullen auf, wie es weitere Stellenwerte beim 2. Faktor gibt.

164 · 25
3280

Schritt 3: Beginne mit der Multiplikation von dem nächsten Stellenwert des 2. Faktors und den einzelnen Stellenwerten vom 1. Faktor. Notiere das zweite Teilergebnis unter dem ersten Teilergebnis auf Höhe des Stellenwertes, mit dem du multipliziert hast (im Beispiel: 5).

164 · 25
3280
820

Schritt 4: Ziehe einen Rechenstrich unter die Teilergebnisse und addiere sie schriftlich. So erhältst du das Endergebnis.

164 · 25
3280
820
11
4100

4 Finde die fehlenden Ziffern. Schreibe die Aufgabe richtig daneben und rechne schriftlich.

a 54 · 15
540
270
1
810

b 23 · 46
920
138
1
1058

59

Schriftliche Multiplikation · Grundrechenarten – Multiplikation
Vertiefung

5 Rechne die Aufgabe schriftlich aus.

a 1234 · 2102 = 2593868

1 2 3 4 · 2 1 0 2
2 4 6 8 0 0 0
1 2 3 4 0 0
0 0 0 0 0
2 4 6 8
1
2 5 9 3 8 6 8

b 4204 · 2021 = 8496284

4 2 0 4 · 2 0 2 1
8 4 0 8 0 0 0
0 0 0 0 0 0
8 4 0 8 0
4 2 0 4
1
8 4 9 6 2 8 4

6 Löse die Sachaufgabe. Rechne schriftlich.

Die Raumstation ISS legt an einem Tag rund 28000 km innerhalb einer Stunde zurück.

Frage: Wie viele km legt die Raumstation insgesamt an einem Tag und in einer Woche zurück?

Rechnung:

km/Tag:
28000 km · 24
560000 km
112000 km
672000 km

km/Woche:
672000 km · 7
4704000 km

Antwort: Die Raumstation legt insgesamt an einem Tag 672 000 km und in einer Woche 4 704 000 km zurück.

Ich kann jetzt ...	✓
... Geteiltaufgaben mit großen Zahlen durch die kleine Aufgabe berechnen.	○
... den Trick mit der Null anwenden.	○
... schriftlich mit einem einstelligen und mehrstelligen zweiten Faktor multiplizieren.	○
... im Zahlenraum bis 1 000 000 schriftlich multiplizieren.	○

Fachbegriffe · Grundrechenarten – Division
Übung

Fachbegriffe der Division

Ab jetzt benutzen wir folgende **Fachbegriffe**:

Divisionsaufgabe:	Dividend	:	Divisor	=	Quotient
	36	:	6	=	6

Bei einer Divisionsaufgabe wird mindestens eine Zahl von einer anderen Zahl **dividiert**:

- Die erste Zahl heißt **Dividend**.
- Die zweite Zahl heißt Divisor.
- Das Ergebnis heißt Quotient.

Divisor
36 : 6 = 6 ← Divisionsaufgabe
Dividend Quotient

(!) Du erkennst die Divisionsaufgabe an dem **Geteiltzeichen** (:).

1 Finde sechs Fachbegriffe zum Thema „Division" im Wortsuchrätsel (vertikal, horizontal).

a Male die Wörter bunt an.

W	G	N	Z	X	Z	C	O	N	C	J	C	J	G	Y	Y	K	J	D	Y	L	H	U	Z
H	W	Z	J	U	O	Q	M	F	R	C	X	K	N	I	Y	J	J	I	V	D	Z	P	W
D	I	V	I	S	I	O	N	S	A	U	F	G	A	B	E	Z	X	V	F	I	C	U	X
M	U	L	T	I	P	L	I	Z	I	E	R	E	N	X	O	Q	K	I	X	V	G	H	S
P	J	C	O	Q	G	D	I	V	I	D	I	E	R	E	N	X	Y	S	Q	I	M	P	Y
K	G	K	X	F	B	M	U	P	Q	H	Z	B	G	M	Z	U	U	O	A	D	U	P	R
J	Y	Y	G	Q	S	G	Z	N	Y	N	G	W	D	G	M	W	J	R	T	E	C	M	E
G	X	O	G	M	Q	U	O	T	I	E	N	T	N	K	S	V	K	O	Y	N	D	F	B
B	P	I	G	E	T	E	I	L	T	Z	E	I	C	H	E	N	V	U	B	D	Y	N	F

b Notiere die sechs Fachbegriffe zur Division aus dem Wortsuchrätsel von **Teilaufgabe a**. Findest du einen mathematischen Fachbegriff im Wortsuchrätsel, der nichts mit der Division zu tun hat?

Divisionsaufgabe — dividieren — Quotient
Geteiltzeichen — Divisor — Dividend

Nicht zur Division passt: multiplizieren

Ich kann jetzt ...	✓
... die Fachbegriffe der Division richtig benennen.	○

Halbschriftliche Division · Grundrechenarten – Division
Test

1 Zerlege den Dividenden in passende Teilmengen. Stelle die Zerlegung dar und rechne.

Tipp: zum Lösen der Aufgabe: Merkkasten 1 „Halbschriftliche Division" a

512 : 4 = 128

Teilrechnung: 400 : 4 = 100
Teilrechnung: 80 : 4 = 20
Teilrechnung: 32 : 4 = 8

Summe der Teilrechnungen: 100 + 20 + 8 = 128

2 Rechne die Aufgabe halbschriftlich aus und schreibe deinen Rechenweg auf. **

Tipp: zum Lösen der Aufgabe: Merkkasten 1 „Halbschriftliche Division" a und b

a 78 : 6 = 13
60 : 6 = 10
18 : 6 = 3

b 95 : 5 = 19
50 : 5 = 10
45 : 5 = 9

c 436 : 4 = 109
400 : 4 = 100
36 : 4 = 9

d 721 : 7 = 103
700 : 7 = 100
21 : 7 = 3

3 Rechne die Aufgabe halbschriftlich aus und schreibe deinen Rechenweg auf. **

Tipp: zum Lösen der Aufgabe: Merkkasten 1 „Halbschriftliche Division" a und b

a 816 : 6 = 136
600 : 6 = 100
180 : 6 = 30
36 : 6 = 6

b 704 : 4 = 176
400 : 4 = 100
280 : 4 = 70
24 : 4 = 6

c 925 : 5 = 185
500 : 5 = 100
400 : 5 = 80
25 : 5 = 5

d 429 : 3 = 143
300 : 3 = 100
120 : 3 = 40
9 : 3 = 3

** Beispiellösung

Halbschriftliche Division · Grundrechenarten – Division
Hinweis

1 Halbschriftliche Division

a Beim halbschriftlichen Dividieren ist es hilfreich, den Dividenden in einzelne Teilmengen zu zerlegen.

Beispiel: 712 : 4

Schritt 1: Beginne mit den Hundertern. Bilde eine gut teilbare Menge.
Es bleiben noch 312 von 712 übrig.
Rechnung: 400 : 4 = 100

Schritt 2: Wenn du nicht mehr teilen kannst, versuche zu entbündeln.
Es bleiben noch 32 von 312 übrig.
Rechnung: 280 : 4 = 70

Schritt 3: Entbündele wieder oder teile den Rest erneut durch den Divisor.
Rechnung: 32 : 4 = 8

1 Zerlege den Dividenden in passende Teilmengen. Stelle die Zerlegung dar und rechne.

565 : 5

Teilrechnung: 500 : 5 = 100
Teilrechnung: 50 : 5 = 10
Teilrechnung: 15 : 5 = 3

2 Zerlege den Dividenden in passende Teilmengen. Schreibe die Zerlegung auf. **

a 512 : 8 → 480 + 32
b 658 : 7 → 630 + 28
c 768 : 8 → 720 + 48
d 222 : 3 → 210 + 12
e 1044 : 9 → 900 + 90 + 54
f 858 : 6 → 600 + 240 + 18
g 765 : 5 → 500 + 250 + 15

** Beispiellösung

Halbschriftliche Division · Grundrechenarten – Division (Hinweis)

b **Schritt 1–3:** Zerlege den Dividenden in Teilmengen, die durch den Divisor teilbar sind. Teile jede dieser Mengen dann einzeln durch den Divisor.

712 : 4 = 178

400 : 4 = 100
280 : 4 = 70 } 100 + 70 + 8 = 178
32 : 4 = 8

Schritt 4: Rechne im Kopf die einzelnen Ergebnisse zusammen.

Schritt 5: Notiere das Ergebnis oben hinter der Aufgabe.

(!) Du kannst diesen Rechenweg auch anwenden, wenn der Divisor mehrstellig ist.

3 Rechne die Aufgabe halbschriftlich aus. **

a
565 : 5 = 113
500 : 5 = 100
50 : 5 = 10
15 : 5 = 3

b
1224 : 9 = 136
900 : 9 = 100
270 : 9 = 30
54 : 9 = 6

c
1075 : 5 = 215
1000 : 5 = 200
50 : 5 = 10
25 : 5 = 5

d
848 : 4 = 212
800 : 4 = 200
40 : 4 = 10
8 : 4 = 2

e
824 : 8 = 103
800 : 8 = 100
24 : 8 = 3

f
1080 : 9 = 120
900 : 9 = 100
180 : 9 = 20

Halbschriftliche Division · Grundrechenarten – Division (Vertiefung)

Halbschriftliche Division im Zahlenraum bis 1 000 000

Diesen Rechenweg kannst du auch im Zahlenraum bis 1 000 000 anwenden.
Die einzelnen Rechnungen werden länger, du gehst aber ganz genauso vor.

1 Rechne die Aufgabe halbschriftlich aus. **

a
565350 : 5 = 113070
500000 : 5 = 100000
50000 : 5 = 10000
15000 : 5 = 3000
350 : 5 = 70

b
565350 : 50 = 11307
500000 : 50 = 10000
50000 : 50 = 1000
15000 : 50 = 300
350 : 50 = 7

c
740736 : 6 = 123456
600000 : 6 = 100000
120000 : 6 = 20000
18000 : 6 = 3000
2400 : 6 = 400
300 : 6 = 50
36 : 6 = 6

d
783930 : 30 = 26131
600000 : 30 = 20000
180000 : 30 = 6000
3000 : 30 = 100
900 : 30 = 30
30 : 30 = 1

e Schaue dir die Rechnungen von **Teilaufgabe a** und **b** genau an. Was fällt dir auf? Beschreibe.

Bei Teilaufgabe b wird der Divisor um 10 erhöht – aus 5 wird 50.
Dadurch verändert sich das Ergebnis: Die letzte Null fällt dort und
bei den Teilergebnissen weg.

Halbschriftliche Division · Grundrechenarten – Division (Vertiefung)

2 Löse die Sachaufgabe. Rechne halbschriftlich. **

Im Jahre 2020 wurden im Bodensee etwa 290 000 kg Fisch gefangen.
An dem gesamten Fischfang waren rund 80 Personen beteiligt.

Frage: Wie viel Kilogramm Fisch hat jede beteiligte Person im Jahr 2020 durchschnittlich gefangen?

Rechnung:
290000 kg : 80 = 3625 kg
240000 kg : 80 = 3000 kg
40000 kg : 80 = 500 kg
8000 kg : 80 = 100 kg
1600 kg : 80 = 20 kg
400 kg : 80 = 5 kg

Antwort: Im Jahr 2020 hat jede beteiligte Person durchschnittlich 3 625 kg Fisch gefangen.

Ich kann jetzt …	✓
… halbschriftlich dividieren, indem ich den Dividenden in Teilmengen zerlege.	○
… im Zahlenraum bis 1 000 000 halbschriftlich dividieren.	○

Schriftliche Division · Grundrechenarten – Division (Test)

1 Welche Geteiltaufgabe passt zu welcher Darstellung? Verbinde.

a □□ □□ — 4 : 2 = 2
b || || — 40 : 2 = 20
c ·· ·· — 400 : 2 = 200

Tipp: zum Lösen der Aufgabe: Merkkasten 1 „Geteiltaufgaben mit großen Zahlen" a und b

2 Rechne die Aufgabe aus.

a 4 : 2 = 2 b 18 : 3 = 6 c 28 : 4 = 7 d 20 : 2 = 10
e 12 : 2 = 6 f 50 : 5 = 10 g 36 : 4 = 9 h 56 : 7 = 8

Tipp: zum Lösen der Aufgabe: Merkkasten 1 „Geteiltaufgaben mit großen Zahlen" a und b

3 Rechne die Aufgabe aus.

a 40 : 2 = 20 b 180 : 3 = 60 c 280 : 4 = 70 d 200 : 2 = 100
e 120 : 2 = 60 f 500 : 5 = 100 g 360 : 4 = 90 h 560 : 7 = 80

Tipp: zum Lösen der Aufgabe: Merkkasten 1 „Geteiltaufgaben mit großen Zahlen" a und b

4 Rechne die Aufgaben aus.

a
6 : 2 = 3
60 : 2 = 30
600 : 2 = 300
60 : 20 = 3
6 000 : 2 = 3 000
600 : 20 = 30

b
54 : 6 = 9
540 : 6 = 90
540 : 60 = 9
5 400 : 6 = 900
5 400 : 600 = 9
5 400 : 60 = 90

c
35 : 7 = 5
350 : 70 = 5
3 500 : 700 = 5
3 500 : 70 = 50
3 500 : 7 = 500
350 : 7 = 50

d
10 : 2 = 5
1 000 : 2 = 500
100 : 20 = 5
1 000 : 20 = 50
1 000 : 200 = 5
100 : 2 = 50

Tipp: zum Lösen der Aufgabe: Merkkasten 1 „Geteiltaufgaben mit großen Zahlen" a und b

Schriftliche Division · Grundrechenarten – Division · Hinweis

1 Geteiltaufgaben mit großen Zahlen

a Um Geteiltaufgaben mit großen Zahlen rechnen zu können, helfen dir Aufgaben mit kleineren Zahlen.

1 Schaue dir die Aufgaben und die Darstellungen dazu an.

a Rechne die Aufgaben aus.

6 : 2 = 3 60 : 2 = 30 600 : 2 = 300

b Wie hängen die drei Aufgaben zusammen? Beschreibe. **

Der Dividend der Aufgabe 6 : 2 = 3 erweitert sich immer um eine Null.
Dadurch wird auch der Quotient immer um eine Null erweitert.

2 Rechne die Aufgabe aus und setze fort.

8 : 2 = 4 → 80 : 2 = 40 → 800 : 2 = 400 → 8000 : 2 = 4000

b **Der Trick mit der Null**

Schaue dir die Aufgabe genau an. Rechne zuerst die kleine Aufgabe.

600 : 2 → 6 : 2 = 3

Die kleine Aufgabe hilft dir beim Lösen der großen Aufgabe. Das Ergebnis bleibt gleich, nur die Anzahl der Nullen verändert sich:

6 : 2 = 3
60 : 2 = 30
600 : 2 = 300

Wird der Dividend um eine Null erweitert, erweitert sich auch der Quotient um eine Null.

600 : 2 = 300
600 : 20 = 30
600 : 200 = 3

Wird der Divisor um eine Null erweitert, verkürzt sich der Quotient um eine Null.

6 : 2 = 3
60 : 20 = 3
600 : 200 = 3

Werden Dividend und Divisor um gleich viele Nullen erweitert, bleibt der Quotient gleich.

68 **Beispiellösung

Schriftliche Division · Grundrechenarten – Division · Vertiefung

Schriftliche Division

a Kannst du eine Aufgabe nicht durch eine kleine Aufgabe herleiten und sind die Zahlen zu groß, um sie im Kopf geteilt zu rechnen, musst du schriftlich dividieren.

Beispiel: 822 : 5

822 : 5 = 1

Schritt 1: Schaue dir die erste Ziffer des Dividenden (822) an. Kannst du sie durch den Divisor (5) teilen?

→ **Nein**: Lies Merkkasten „Schriftliche Division" b und c.

→ **Ja**: Das ist die erste Teilmenge, die du durch den Divisor teilen kannst.

„Wie oft passt die 5 in die 8?"

Notiere das erste Teilergebnis hinter dem Gleichheitszeichen.

„einmal"

822 : 5 = 1
5

Schritt 2: Berechne das Produkt von dem ersten Teilergebnis (1) und dem Divisor (5). Notiere das Produkt unter dem Stellenwert, mit dem du gerechnet hast.

„1 · 5 = 5"

822 : 5 = 1
5
3

Schritt 3: Ziehe einen Rechenstrich unter das Produkt. Subtrahiere das Produkt (5) schriftlich vom Teildividenden (8). Notiere die Differenz unter dem Rechenstrich.

„8 – 5 = 3"

822 : 5 = 1
5
32

Schritt 4: Hole die nächste Ziffer des Dividenden (2) nach unten. Schreibe sie rechts neben die berechnete Differenz (3).

…

→ Beginne wieder bei **Schritt 1**.

„Wie oft passt die 5 in die 32?" – „sechsmal" …

822 : 5 = 164 R: 2
5
32
30
22
20
2

Schritt 5: Wenn du keine Ziffer mehr herunterholen kannst, ist die Rechnung beendet. Entweder endet sie mit Null oder aber mit einem Rest (2). Diesen notierst du oben hinter dem Ergebnis (R: 2).

69

Schriftliche Division · Grundrechenarten – Division · Vertiefung

1 Rechne die Aufgabe erst halbschriftlich und dann schriftlich aus.

702 : 3 = 234
600 : 3 = 200
90 : 3 = 30
12 : 3 = 4

702 : 3 = 234
6
10
9
12
12
0

b **Erste Ergänzung zu Schritt 1**

Wenn du die erste Ziffer des Dividenden nicht durch den Divisor teilen kannst, erweiterst du den ersten Teildividenden um eine Stelle.

3675 : 5 = 735
35
17
15
25
25
0

„3 ist nicht durch 5 teilbar, da 3 < 5."

Erweitere den ersten Teildividenden um den nächsten Stellenwert des Dividenden: aus 3 wird 36.

„Wie oft passt die 5 in die 36?" – „siebenmal"

→ Rechne mit **Schritt 2** weiter.

2 Rechne die Aufgabe schriftlich aus.

a
164 : 2 = 82
16
04
4
0

b
415 : 5 = 83
40
15
15
0

c
368 : 7 = 52 R: 4
35
18
14
4

d
258 : 8 = 32 R: 2
24
18
16
2

70

Schriftliche Division · Grundrechenarten – Division · Vertiefung

e
223 : 3 = 74 R: 1
21
13
12
1

f
357 : 6 = 59 R: 3
30
57
54
3

c **Zweite Ergänzung zu Schritt 1**

Wenn du innerhalb der Rechnung den neuen Teildividenden nicht durch den Divisor teilen kannst, schreibst du im Ergebnis an diese Stelle eine Null.

535 : 5 = 107
5
03
0
35
35
0

„03 ist nicht durch 5 teilbar, da 3 < 5."

Schreibe im Ergebnis an diese Stelle: 0.

Multipliziere nun wieder zurück: 0 · 5 = 0

Schreibe die 0 als Ergebnis der Multiplikation auf.

→ Rechne mit **Schritt 3** weiter.

3 Rechne die Aufgabe schriftlich aus. Markiere die Null im Ergebnis.

a
916 : 3 = 305 R: 1
9
01
0
16
15
1

b
839 : 4 = 209 R: 3
8
03
0
39
36
3

4 Finde und markiere den Fehler. Schreibe die Aufgabe richtig daneben und rechne schriftlich.

1225 : 3 = 48 R: 1
12
025
24
1

1225 : 3 = 408 R: 1
12
02
0
25
24
1

71

Schriftliche Division · Grundrechenarten – Division

Vertiefung

5 Rechne die Aufgabe schriftlich aus.

a
```
1264 : 2 = 632
12
 06
  6
  04
   4
   0
```

b
```
3408 : 8 = 426
32
 20
 16
  48
  48
   0
```

c
```
152286 : 3 = 50762
15
 02
  0
  22
  21
   18
   18
    06
     6
     0
```

d
```
124868 : 4 = 31217
12
 04
  4
  08
   8
   06
    4
    28
    28
     0
```

e
```
536535 : 5 = 107307
5
03
 0
 36
 35
  15
  15
   03
    0
    35
    35
     0
```

f
```
902412 : 6 = 150402
6
30
30
 02
  0
  24
  24
   01
    0
    12
    12
     0
```


Schriftliche Division · Grundrechenarten – Division

Vertiefung

6 Löse die Sachaufgabe. Rechne schriftlich.

In einer Woche schlägt dein Herz ungefähr 806 400-mal.

Frage: Wie oft schlägt dein Herz ungefähr am Tag?

Rechnung:
```
806400 : 7 = 115200
7
10
 7
 36
 35
  14
  14
   00
    0
    00
     0
     0
```

Antwort: Mein Herz schlägt am Tag ungefähr 115 200-mal.

Ich habe sogar drei Herzen.
Meine Herzen schlagen am Tag zusammen 172 800-mal.
Jetzt rechne ich geteilt durch 3 …
Jedes meiner Herzen schlägt am Tag also 57 600-mal.

Ich kann jetzt …	✓
… Geteiltaufgaben mit großen Zahlen durch die kleine Aufgabe berechnen.	◯
… den Trick mit der Null anwenden.	◯
… im Zahlenraum bis 1 000 000 schriftlich dividieren.	◯

Hohlmaße · Größen

Vertiefung

Fassungsvermögen

Das Fassungsvermögen (Hohlmaß) gibt das Volumen eines Gefäßes an.
Du kannst es in Liter (l) und Milliliter (ml) angeben.

Beispiel: Tasse 125 ml
Fass 220 l

1 Ordne jedem Behälter das passende Fassungsvermögen zu.

a Welches Fassungsvermögen passt zu welchem Behälter? Verbinde.

b Welcher Behälter hat das größte Fassungsvermögen? Die Tonne

c Welcher Behälter hat das kleinste Fassungsvermögen? Das Glas

Fassungsvermögen bestimmen – der Messbecher

Fassungsvermögen eines Gefäßes bestimmen	Enthaltene Wassermenge in einem Gefäß bestimmen
Befülle das Gefäß komplett mit Wasser. Fülle die Wassermenge in den Messbecher um. Lies die Milliliterangabe ab.	Fülle die im Gefäß enthaltene Wassermenge in den Messbecher um. Lies die Milliliterangabe ab.

2 Beantworte die Frage zum Messbecher.

a Wie viele Milliliter fasst der Messbecher? 1000 ml

b Die Skala des Messbechers ist in welche Schritte eingeteilt? Kreuze an.

400er-Schritte ◯ 200er-Schritte ☒ 500er-Schritte ◯

c Wie kannst du ohne Messbecher ungefähr 500 ml Wasser abfüllen? Beschreibe. **

Eine 1 l Flasche kann mir helfen. Ich fülle sie komplett mit Wasser auf, dann schütte ich ungefähr die Hälfte der enthaltenen Flüssigkeit heraus. Die Hälfte von 1 l sind 500 ml.

 ** Beispiellösung

Hohlmaße · Größen

Vertiefung

Hohlmaße umrechnen

Um Hohlmaße richtig umrechnen zu können, ist folgende Regel besonders wichtig:
1 Liter (1 l) = 1000 Milliliter (1000 ml)

3 Ergänze die Tabelle.

a

Liter	Milliliter
4 l	4000 ml
6 l	6000 ml
14 l	14 000 ml

b

ml	l und ml	l
4250 ml	4 l 250 ml	4,25 l
33 500 ml	33 l 500 ml	33,5 l
750 ml	0 l 750 ml	0,75 l

4 Ordne die Hohlmaße der Größe nach. Verwende <.

1,2 l 3000 ml 2 l 750 ml 750 ml 8 l 12 250 ml

750 ml < 1,2 l < 2 l 750 ml < 3000 ml < 8 l < 12 250 ml

Verschiedene Darstellungsweisen von Hohlmaßen

Bis jetzt hast du Hohlmaße als Zahlen mit oder ohne Komma angegeben: 5 l 150 ml oder 5,15 l.

Eine weitere Möglichkeit ist die Darstellung von Hohlmaßen als Bruch:
$\frac{1}{8}$ l = 0,125 l $\frac{1}{4}$ l = 0,25 l $\frac{1}{2}$ l = 0,5 l $\frac{3}{4}$ l = 0,75 l

5 Schaue dir die Abbildung an. 1 l Flüssigkeit wurde gleichmäßig aufgeteilt. Die Teilmengen stehen immer unter den Messbechern.

a Zeichne die angegebenen Flüssigkeitsmengen in die Messbecher ein.

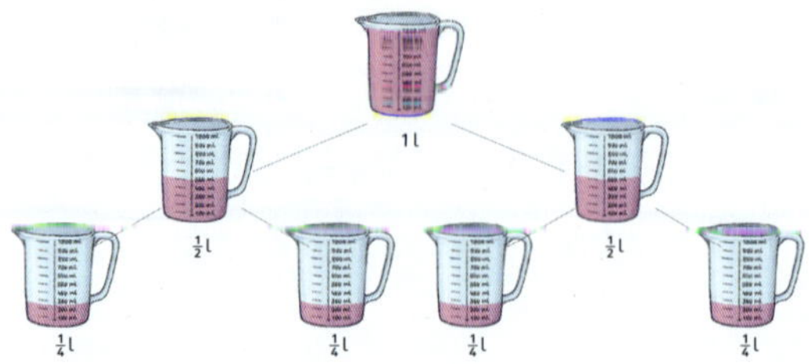

Hohlmaße · Größen
Vertiefung

b Schaue dir die Aufteilung der Flüssigkeit aus **Teilaufgabe a** genau an. Kannst du eine Regel erkennen? Wie könnte $\frac{1}{4}$ l Flüssigkeit weiter aufgeteilt werden? Beschreibe. **

Die Flüssigkeit wird immer halbiert. $\frac{1}{4}$ l könnte jeweils noch einmal in $\frac{1}{8}$ l aufgeteilt werden. Dadurch würden je zwei weitere Messbecher mit $\frac{1}{8}$ l Flüssigkeit entstehen.

c Ergänze die fehlenden Zahlen in der Tabelle.

Bruch	Dezimalzahl	ml
$\frac{1}{8}$ l	0,125 l	125 ml
$\frac{1}{4}$ l	0,25 l	250 ml
$\frac{1}{2}$ l	0,5 l	500 ml

6 Überprüfe die Behauptung von Tessa Tinte und löse die Sachaufgabe. **

Ich behaupte, dass eine kleine Flasche Wasser (250 ml) genau dreimal in den Messbecher passt.

Frage: Passt eine kleine Flasche Wasser (250 ml) genau dreimal in den Messbecher?

Rechnung: 250 ml · 3 = 750 ml; 1000 ml : 250 ml = 4

Antwort: Nein. Eine kleine Flasche Wasser (250 ml) passt genau viermal in den Messbecher. Tessa Tintes Behauptung ist also falsch.

Ich kann jetzt …	✓
… das Fassungsvermögen mithilfe eines Messbechers bestimmen.	○
… Hohlmaße (Liter und Milliliter) umrechnen.	○
… Einheiten für Hohlmaße in unterschiedlichen Schreibweisen darstellen.	○

76 ** Beispiellösung

Längen · Größen
Test

1 Wie lang ist die Strecke? Miss nach.

a $\overline{AB}$ = 3 cm

b $\overline{CD}$ = 1 cm

c $\overline{EF}$ = 2,5 cm

d $\overline{GH}$ = 3,5 cm

Tipp zum Lösen der Aufgabe: Merkkasten 1 „Strecken messen und zeichnen"

2 Zeichne die Strecke mit Lineal und Bleistift.

a $\overline{AB}$ = 1 cm

b $\overline{CD}$ = 5,5 cm

c $\overline{EF}$ = 67 mm

Tipp zum Lösen der Aufgabe: Merkkasten 1 „Strecken messen und zeichnen"

3 Rechne um.

a 1 cm = 10 mm

b 5 m = 500 cm

c 1 km = 1000 m

d 10 m = 1000 cm

e 10 cm = 0,1 m

f 25 cm = 0,25 m

g 27 dm = 2700 mm

h 40 m = 400 dm

Tipp zum Lösen der Aufgabe: Merkkasten 2 „Längenmaße umrechnen und ordnen"

4 Ordne die Längen der Größe nach. Verwende <.

15 km | 2 cm | 22 mm | 3 dm | 5 m | 0,4 m

2 cm < 22 mm < 3 dm < 0,4 m < 5 m < 15 km

Tipp zum Lösen der Aufgabe: Merkkasten 2 „Längenmaße umrechnen und ordnen"

77

Längen · Größen
Hinweis

1 Strecken messen und zeichnen

Strecken messen

Schritt 1: Lege dein Lineal unter die Strecke. Achte darauf, dass du den Nullpunkt genau unter dem Anfangspunkt anlegst.

Schritt 2: Miss mit deinem Lineal die Länge der Strecke bis zum Endpunkt und lies die Länge ab.

Schritt 3: Notiere die Länge über der Strecke.

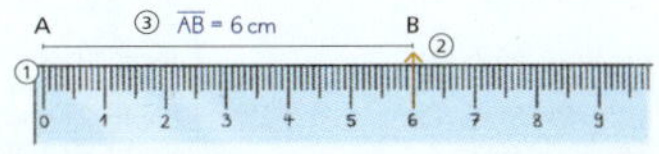

Strecken zeichnen

Schritt 1: Zeichne den Anfangspunkt der Strecke.

Schritt 2: Lege den Nullpunkt deines Lineals an den Anfangspunkt an.

Schritt 3: Zeichne eine gerade Linie bis zur geforderten Zentimeterzahl.

Schritt 4: Am Ende zeichnest du den Endpunkt ein.

1 Miss die Strecke und notiere die Länge in der angegebenen Einheit.

a = 80 mm

b = 8 cm

c Was fällt dir bei den Strecken aus **Teilaufgabe a** und **b** auf? **

Die Strecken sind gleichlang, sie wurden nur unterschiedlich dargestellt.

2 Zeichne die Strecke mit Lineal und Bleistift wie im Merkkasten beschrieben.

a $\overline{AB}$ = 10,6 cm

b $\overline{CD}$ = 88 mm

c $\overline{EF}$ = 1 dm

78 ** Beispiellösung

Längen · Größen
Hinweis

2 Längenmaße umrechnen und ordnen

Längenmaße umrechnen

Folgende Umrechnungen sind besonders wichtig:

1 cm = 10 mm
1 dm = 10 cm = 100 mm
1 m = 10 dm = 100 cm
1 km = 1000 m

Die Stellenwerttafel kann dir beim Umrechnen helfen:

Schritt 1: Trage die Länge in die Tabelle ein, die du umrechnen möchtest.

Schritt 2: Fülle jetzt die Tabelle bis zu der Einheit mit 0 auf, in die du umrechnen willst.

· 10 · 10 · 10 · 10 …

	km	m H	m Z	m E	dm	cm	mm	
1 cm						1	0	10 mm
1 dm					1	0		10 cm
1 km	1	0	0	0				1000 m

Längenmaße ordnen

Längen kannst du auch der Größe nach ordnen. Du verwendest die Zeichen >, < und =.

3 Trage die Länge in die Stellenwerttafel ein und wandle sie um.

· 10 · 10 · 10 · 10 …

	km	m H	m Z	m E	dm	cm	mm	
a 1 cm						1	0	10 mm
b 500 m		5	0	0	0	0		50000 cm
c 6 km	6	0	0	0				6000 m
d 3 m				3	0	0		300 cm

4 Vergleiche die Längen. Ergänze die Zeichen >, < oder =.

a 30 mm < 5 cm

b 687 cm = 6870 mm

c 2 dm > 2 cm

d 20 cm > 90 mm

e 2 m > 100 cm

f 5 km = 5000 m

79

Zusammengesetzte Strecken messen

Schritt 1: Lege dein Lineal mit dem Nullpunkt an den Anfangspunkt deiner ersten Teilstrecke an.

Schritt 2: Miss die Länge der Teilstrecke mit deinem Lineal und lies die Länge ab.

Schritt 3: Notiere die gemessene Länge über der Teilstrecke.

Schritt 4: Miss alle Teilstrecken und addiere die gemessenen Längen.

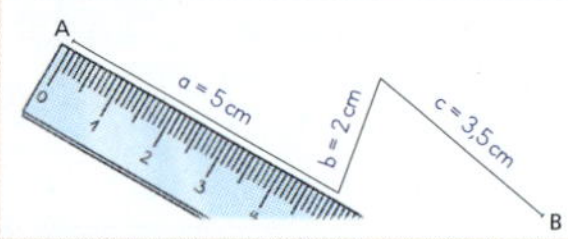

a + b + c = $\overline{AB}$

5 cm + 2 cm + 3,5 cm = 10,5 cm

10,5 cm = $\overline{AB}$

1 Tessa Tinte ist ein Tintenfisch mit acht Tentakel. Wie lang sind Tessas Tentakel insgesamt? Miss die Tentakel und rechne die Längen zusammen.

a 3 cm

b 3 cm

c 3 cm

d 3 cm

e 3 cm

f 3 cm

g 3 cm

h 3 cm

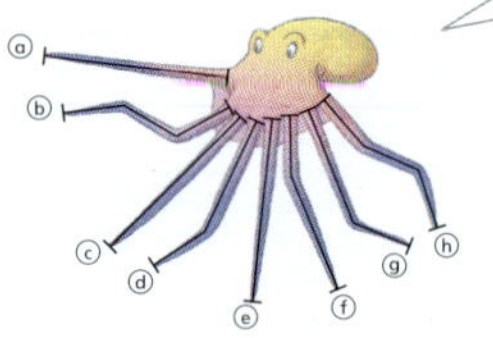

Um herauszufinden, wie lang meine Tentakel insgesamt in Wirklichkeit sind, multipliziere das Ergebnis mit 10!

24 cm · 10 = 240 cm

8 · 3 cm = 24 cm

Kommaschreibweise bei Längen

Bei einer Längenangabe trennst du zwei Einheiten mit einem Komma voneinander. Hierbei hilft dir wieder die Stellenwerttafel:

Mit dem Komma trennst du immer eine Einheit von der nächstkleineren Einheit.

Beispiel: 8 km 450 m = 8,450 km

km	m			dm	cm	mm
	H	Z	E			
8	4	5	0			

2 Tessa hat andere Meerestiere gemessen.

a Ordne die Maße der Größe nach.

1600 cm > 270 cm > 29 cm

b Schreibe die Maße der Größe nach geordnet in die Stellenwerttafel.
Beginne mit dem größten Meerestier. Notiere danach die Werte in der Kommaschreibweise. **

Tier	km	m			dm	cm	mm	
		H	Z	E				
Buckelwal			1	6	0	0		16,00 m
Delfin				2	7	0		2,70 m
Seepferdchen					2	9		0,29 m

3 Schreibe die Länge als Kommazahl auf.

a 5 m 34 cm = 5,34 m

b 22 m 5 cm = 22,05 m

c 24 cm 5 mm = 24,5 cm

** d 7 km 30 m = 7,03 km

4 Male alle Felder mit den gleichen Längen in einer Farbe an.

34 cm	34 mm	3,4 dm	0,067 m
1,7 km	67 mm	0,034 m	1 700 m

Ich kann jetzt …	✓
… Strecken messen und zeichnen.	○
… Längenmaße umwandeln und der Größe nach ordnen.	○
… Längenmaße in der Kommaschreibweise notieren.	○

** Beispiellösung

1 Wie heißen die Teile der Uhr? Verbinde.

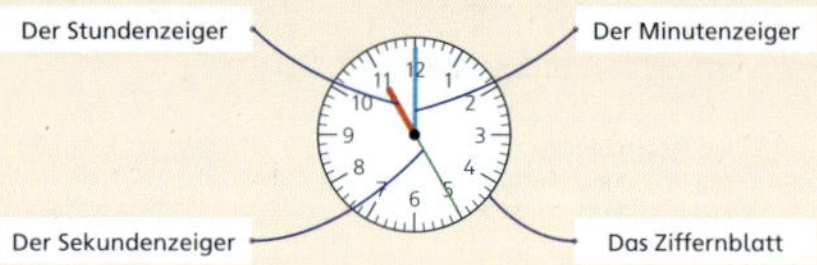

Tipp zum Lösen der Aufgabe: Merkkasten 1 „Uhrzeiten"

2 Verbinde gleiche Uhrzeiten.

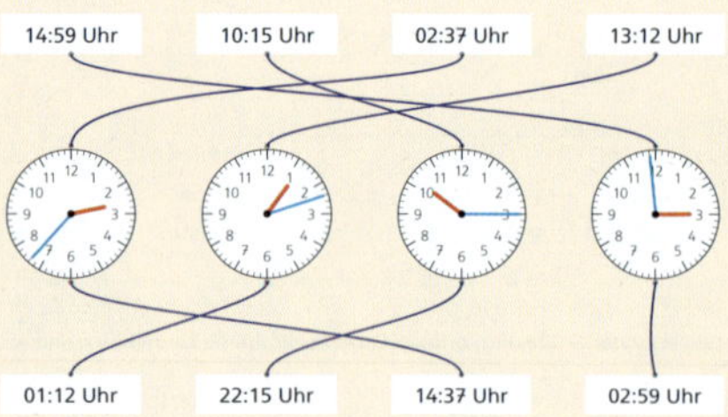

Tipp zum Lösen der Aufgabe: Merkkasten 1 „Uhrzeiten"

3 Wandle um.

a 1 h = 60 min

b 1 min = 60 s

c $\frac{1}{2}$ h = 30 min

d 3 h 20 min = 200 min

e 5$\frac{1}{4}$ h = 315 min

f 1 d = 24 h

Tipp zum Lösen der Aufgabe: Merkkasten 2 „Zeitangaben umwandeln"

4 Notiere die Uhrzeiten. Berechne die Zeitspannen und schreibe sie auf. **

+ 2 h
+ 3 h 30 min

14:00 Uhr
16:00 Uhr
19:30 Uhr

Tipp zum Lösen der Aufgabe: Merkkasten 3 „Zeitspannen berechnen" a und b

** Beispiellösung

1 Uhrzeiten

Um Uhrzeiten (Zeitpunkte) zu bestimmen, kannst du analoge oder digitale Uhren benutzen. Der Unterschied zwischen beiden Uhren liegt in der Anzeige der Zeit.

Analoge Uhr

- Der kleine Zeiger zeigt die Stunden an.
- Der große Zeiger zeigt die Minuten an.

Digitale Uhr

14:00

- Die Zahlen vor dem „:" geben die Stunden an.
- Die Zahlen nach dem „:" geben die Minuten an.

Du kannst Uhrzeiten durch unterschiedliche Sprechweisen ausdrücken:

Viertelstunde	halbe Stunde	Dreiviertelstunde	volle Stunde
15 Min	30 Min	45 Min	60 Min

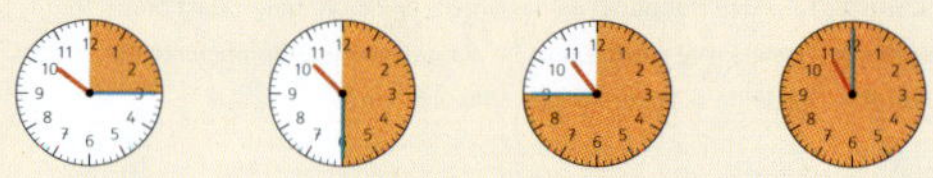

10:15	10:30	10:45	11:00

1 Verbinde gleiche Uhrzeiten.

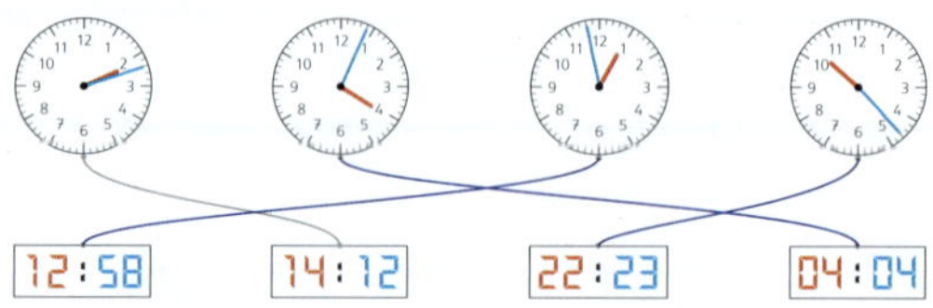

2 Welche Kinder treffen sich zur gleichen Zeit? Male die Sprechblasen in der gleichen Farbe an.

2 Zeitangaben umwandeln

Du kannst Zeitangaben umwandeln. Folgende Umrechnungen sind besonders wichtig:

60 s = 1 min   60 min = 1 h   24 h = 1 d (Tag)

Beispiel:
2 min = 120 s = 60 s + 60 s
3 h = 180 min = 60 min + 60 min + 60 min

3 Wandle um.

a

Sekunden	Minuten
180 s	3 min
300 s	5 min
420 s	7 min
600 s	10 min
540 s	9 min
900 s	15 min

b

Minuten	Stunden
240 min	4 h
480 min	8 h
600 min	10 h
900 min	15 h
1440 min	24 h
120 min	2 h

c

Stunden	Tage
48 h	2 d
120 h	5 d
168 h	7 d
24 h	1 d
240 h	10 d
72 h	3 d

4 Verbinde gleiche Zeitangaben.

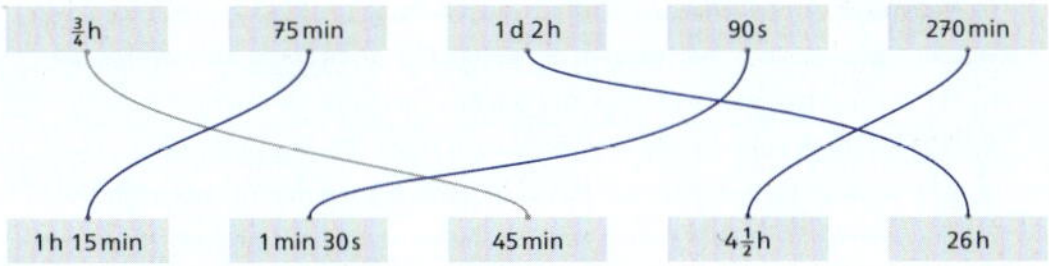

3 Zeitspannen berechnen

a Eine Zeitspanne zeigt dir an, wie viel Zeit vergangen ist oder wie viel Zeit für etwas benötigt wird. Es gibt zwei **Rechenwege**, wie du die Zeit zwischen zwei Uhrzeiten berechnen kannst:

- **Rechenweg 1**: Bis zur vollen Stunde, dann weiter
- **Rechenweg 2**: Volle Stunden ergänzen, dann weiter

Rechenweg 1: Bis zur vollen Stunde, dann weiter

Schritt 1: Wie viele Minuten fehlen bis zur vollen Stunde?

Schritt 2: Wie viele Stunden/Minuten fehlen noch bis zur Zieluhrzeit?

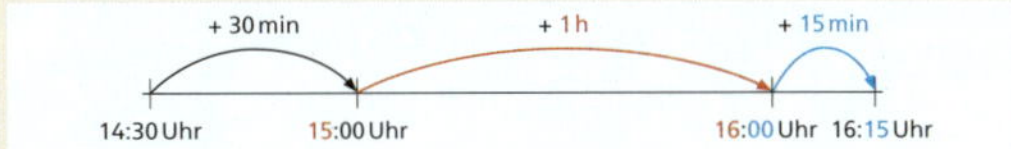

Schritt 3: Addiere die einzelnen Zeiten und du erhältst die Zeitspanne.

30 min + 1 h + 15 min = 1 h 45 min

5 Wie viele Minuten fehlen noch bis zur vollen Stunde? Ergänze.

a 15 min + 45 min = 60 min   b 30 min + 30 min = 60 min

c 42 min + 18 min = 60 min   d 16 min + 44 min = 60 min

e 7 min + 53 min = 60 min   f 21 min + 39 min = 60 min

b Rechenweg 2: Volle Stunden ergänzen, dann weiter

Schritt 1: Wie viele volle Stunden kannst du ergänzen?

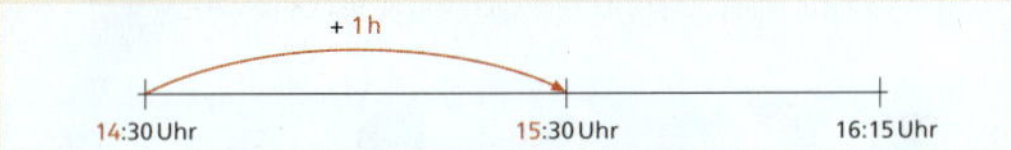

Schritt 2: Wie viele Minuten fehlen noch bis zur Zieluhrzeit?

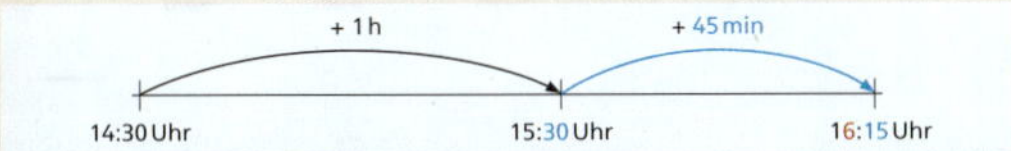

Schritt 3: Addiere die einzelnen Zeiten und du erhältst die Zeitspanne.

1 h + 45 min = 1 h 45 min

6 Welcher Rechenweg fällt dir leichter? Berechne die Zeitspanne auf diese Weise. **

a

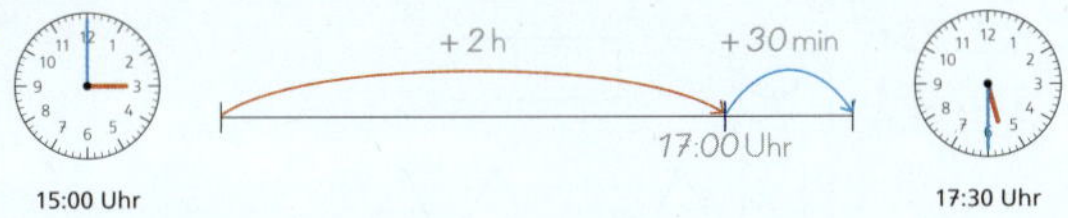

Zeitspanne: 2 h + 30 min = 2 h 30 min

b

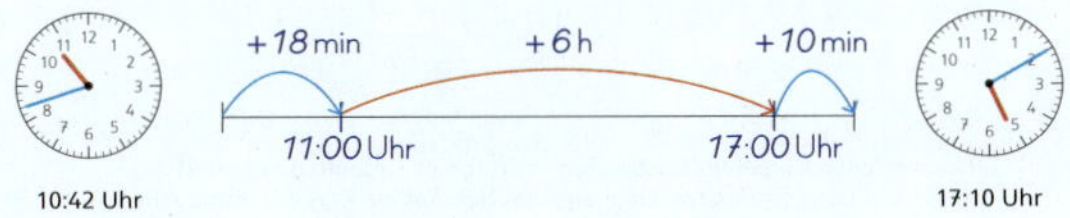

Zeitspanne: 18 min + 6 h + 10 min = 6 h 28 min

c

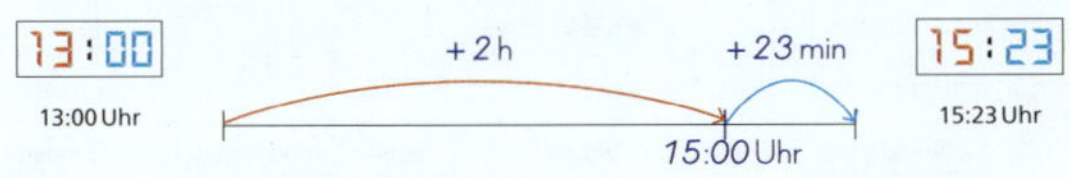

Zeitspanne: 2 h + 23 min = 2 h 23 min

Zeitspannen berechnen mit Sekundenangaben

Du kannst einen genauen Zeitpunkt aber auch in Stunden, Minuten und Sekunden angeben. Jetzt kannst du die Zeitspanne zwischen zwei Uhrzeiten mit Sekundenangaben berechnen.

12:45:22 Uhr

Schritt 1 und 2: Die Schritte entsprechen **Rechenweg 1 / Rechenweg 2**. Schaue dir den Merkkasten 3 „Zeitspannen berechnen" a und b noch einmal an. Du kannst den Rechenweg wählen, der dir leichter fällt.

Schritt 3: Berechne die fehlenden Sekunden.

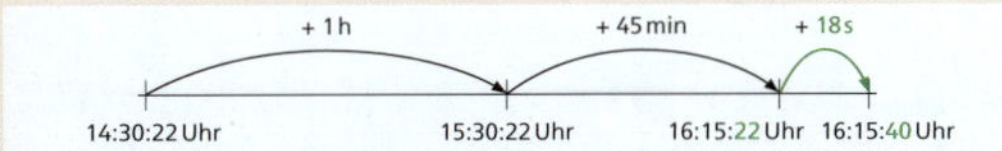

Schritt 4: Addiere die einzelnen Zeiten und du erhältst die Zeitspanne.

1 h + 45 min + 18 s = 1 h 45 min 18 s

1 Welcher Rechenweg fällt dir leichter? Berechne die Zeitspannen auf diese Weise. Achte auf die Sekunden. **

a

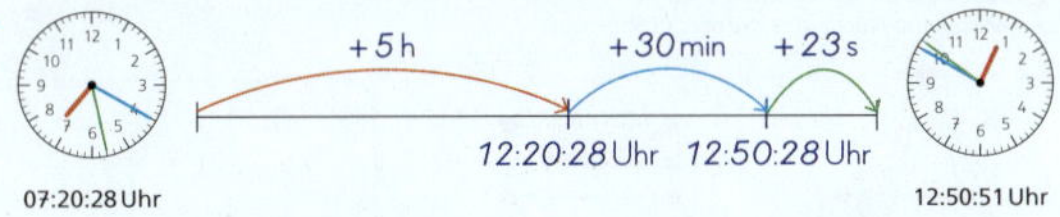

Zeitspanne: 5 h + 30 min + 23 s = 5 h 30 min 23 s

b

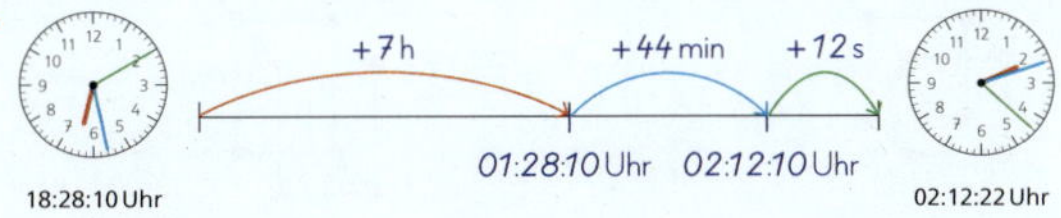

Zeitspanne: 7 h + 44 min + 12 s = 7 h 44 min 12 s

c

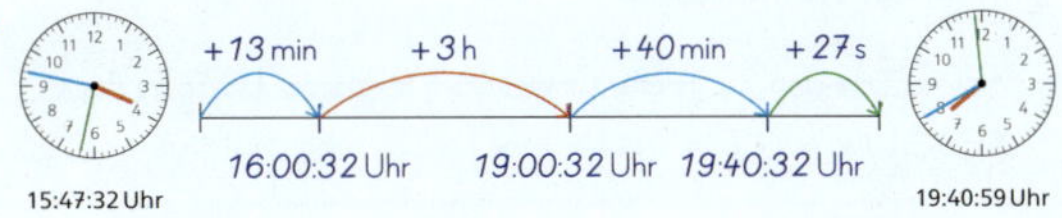

Zeitspanne: 13 min + 3 h + 40 min + 27 s = 3 h 53 min 27 s

Zeit · Größen
Vertiefung

2 Löse die Sachaufgabe.

Die Eulenklasse 3b unternimmt am 01.10. einen Ausflug. Um 07:51 Uhr läuft die Klasse von der Schule zum Bahnhof. Ankunft am Bahnhof ist um 08:04 Uhr. Sie möchten nach Frankfurt in das Filmmuseum fahren. Der Zug fährt um 08:10 Uhr von Gleis 1 ab. Nach 23-minütiger Fahrzeit kommt die Klasse am Bahnhof in Mannheim an. „In 720 Sekunden kommt unser Anschlusszug", sagt die Lehrkraft. Pünktlich fährt der Anschlusszug mit der Klasse los. Die Zugfahrt dauert noch 41 Minuten und 25 Sekunden.

a Fülle den Zugfahrplan aus.

	Abfahrt Zug am Bahnhof	Ankunft Bahnhof Mannheim	Abfahrt Anschlusszug	Ankunft Bahnhof Frankfurt
Uhrzeit	08:10 Uhr	08:33 Uhr	08:45 Uhr	09:26:25 Uhr

b Beantworte die Frage. Unterstreiche alle hierfür relevanten Informationen in grün. Gib das Ergebnis in Minuten/Sekunden und in Stunden/Minuten/Sekunden an.

Frage: Wie lange war die Klasse bis zu ihrer Ankunft in Frankfurt insgesamt unterwegs?

Rechnung:
720 s = 12 min
13 min + 6 min + 23 min + 12 min + 41 min 25 s
= 95 min 25 s oder 1 h 35 min 25 s

Antwort: Die Klasse war bis zu ihrer Ankunft in Frankfurt insgesamt 95 min 25 s oder 1 h 35 min 25 s unterwegs.

Ich kann jetzt …	✓
… analoge und digitale Uhren richtig lesen.	○
… die Zeitspanne berechnen, indem ich Rechenweg 1 anwende.	○
… die Zeitspanne berechnen, indem ich Rechenweg 2 anwende.	○
… Zeitspannen mit Sekundenangaben berechnen.	○

88

Körper und Körpernetze · Geometrie
Test

1 Verbinde die geometrischen Körper mit den richtigen Bezeichnungen.

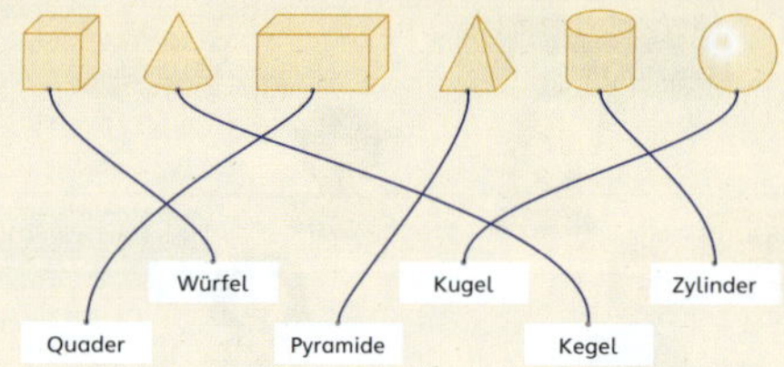

Tipp zum Lösen der Aufgabe: Merkkasten 1 „Geometrische Körper"

2 Verbinde die Bezeichnungen mit den richtigen Körpernetzen.

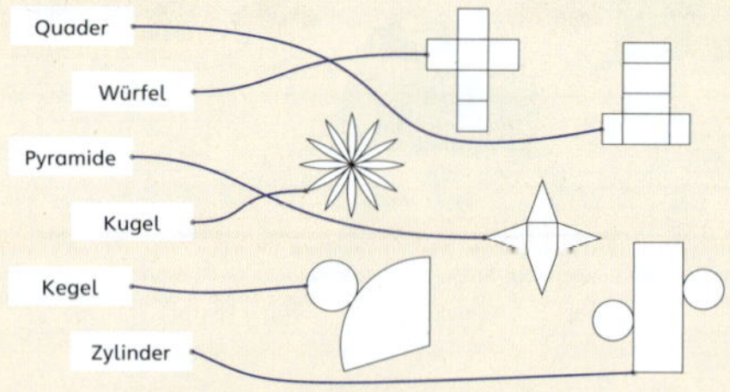

Tipp zum Lösen der Aufgabe: Merkkasten 2 „Körpernetze" a und b

3 Ein Körper hat ein besonderes Körpernetz. **

Welcher? Die Kugel

Wieso? Die Oberfläche der Kugel kann beim Zeichnen nicht zusammenbleiben, weil sie gekrümmt ist. Deshalb muss ich die Fläche in Streifen zerlegen.

Tipp zum Lösen der Aufgabe: Merkkasten 2 „Körpernetze" b

** Beispiellösung

89

Körper und Körpernetze · Geometrie
Hinweis

1 Geometrische Körper

Ein geometrischer Körper ist dreidimensional und hat unterschiedlich viele Flächen, Kanten und Ecken:

Körper	Würfel	Quader	Pyramide	Zylinder	Kegel	Kugel
	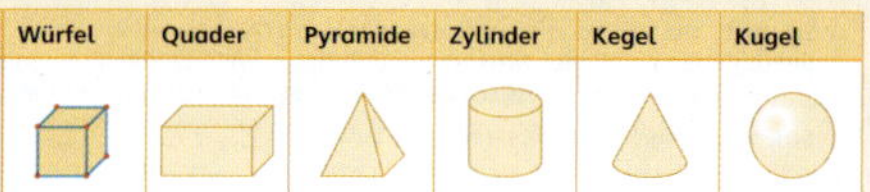					
Flächen	6	6	5	3	2	1
Kanten	12	12	8	2	1	0
Ecken	8	8	5	0	(1 Spitze)	0

(!) An einer Kante stoßen zwei Flächen aneinander.
An einer Ecke stoßen mindestens zwei Kanten aneinander.

1 Markiere im Schrägbild die Kanten blau und die Ecken rot. Male eine Fläche des Körpers orange aus. **

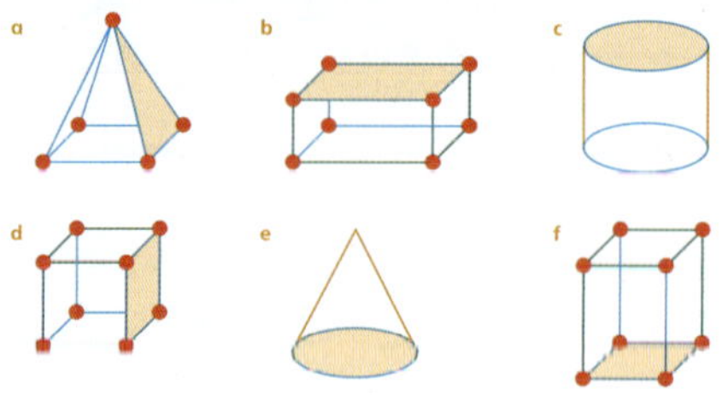

2 Hat der Kegel eine Ecke? Begründe. **

An einer Ecke stoßen mindestens zwei Kanten aneinander. Die Spitze des Kegels ist also keine Ecke, weil hier keine Kanten aneinanderstoßen.

90 ** Beispiellösung

Körper und Körpernetze · Geometrie
Hinweis

2 Körpernetze

a Ein geometrischer Körper ist dreidimensional. Wenn du ihn aufklappst, entsteht ein zweidimensionales Körpernetz.

3 Zeichne die einzelnen Flächen, aus denen der Körper besteht.

	Körper	Flächen
a		
b		
c		
d		

b Du kannst jeden Körper unterschiedlich aufklappen. Deshalb gibt es auch unterschiedliche Körpernetze. Ein mögliches Netz für die Körper siehst du hier:

91

Würfelnetze

a Wenn du einen Würfel aufklappst, entsteht ein Würfelnetz.
Es gibt insgesamt elf verschiedene Würfelnetze, die man wieder zu einem Würfel zusammenklappen kann.

1 Klappe das abgebildete Würfelnetz im Kopf zusammen. Male gegenüberliegende Seiten in der gleichen Farbe an.

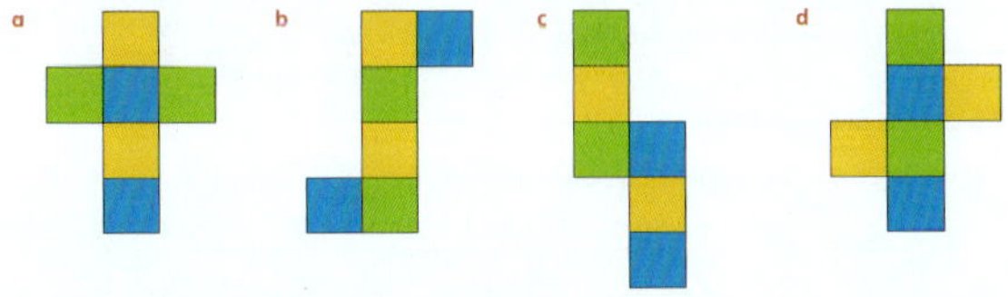

2 Klappe das abgebildete Würfelnetz im Kopf zusammen. Die gelbe Seitenfläche ist die Grundfläche. Trage in die anderen Seitenflächen die Bezeichnungen v (vorne), h (hinten), o (oben), r (rechts) und l (links) ein.

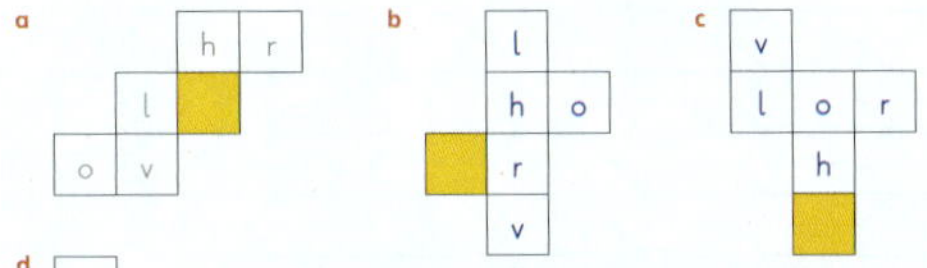

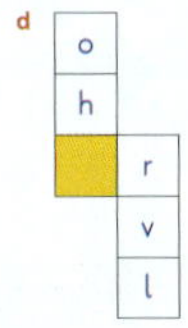

b Richtige Würfelnetze erkennen

Um ein richtiges Würfelnetz von einem Falschen zu unterscheiden, musst du darauf achten, dass …

… es genau sechs Seitenflächen gibt.
… nicht mehr als vier Seitenflächen in einer Reihe liegen.
… nicht vier Seitenflächen zu einem Quadrat zusammengeschoben sind.
… die anderen Seitenflächen links und rechts von der langen Reihe liegen.

3 Zwei der hier abgebildeten Würfelnetze ergeben keinen Würfel.

a Kreise sie ein.

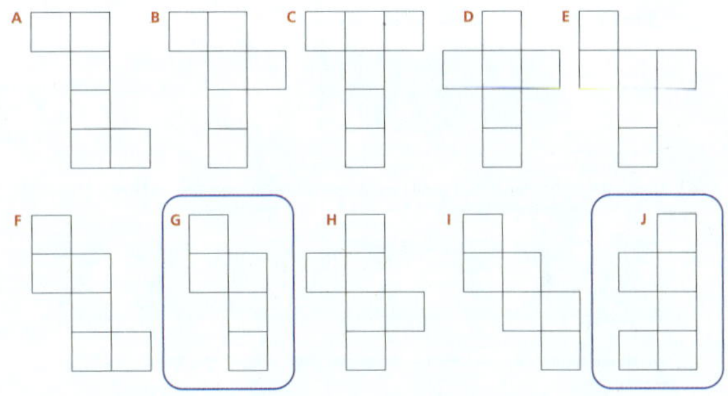

b Woran erkennst du, dass die zwei Würfelnetze keinen Würfel ergeben? Beschreibe. **

Würfelnetz G hat nur fünf Flächen. Würfelnetz J hat zwei Flächen, die sich beim Zusammenfalten überlappen.

Ich kann jetzt …	✓
… die Anzahl der Kanten, Flächen und Ecken verschiedener geometrischer Körper benennen.	○
… geometrischen Körpern das passende Körpernetz zuordnen.	○
… gegenüberliegende Seiten im Würfelnetz markieren.	○
… richtige von falschen Würfelnetzen unterscheiden.	○

**Beispiellösung

1 Schaue dir das Bandornament genau an. Wie sieht das Grundmuster aus? Kreise es ein.

Tipp zum Lösen der Aufgabe: Merkkasten 1 „Bandornamente"

2 Wie sieht das Grundmuster aus? Kreise es ein. Bearbeite anschließend die Teilaufgaben.

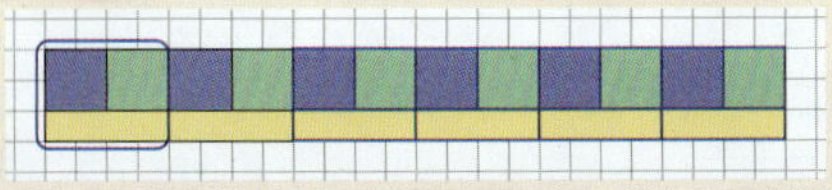

Tipp zum Lösen der Aufgabe: Merkkasten 1 „Bandornamente"

a Setze das Grundmuster fort. Verwende zum Zeichnen dein Geodreieck.

b Male das Bandornament aus. *
Achte beim Ausmalen darauf, dass du jedes Grundmuster gleich ausmalst.

3 Setze die angefangene Parkettierung fort. Verwende zum Zeichnen dein Geodreieck.

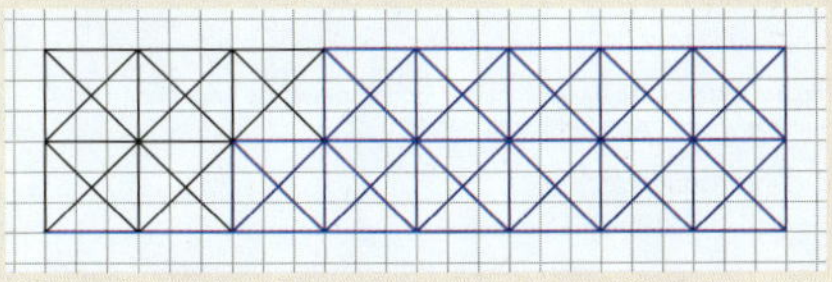

Tipp zum Lösen der Aufgabe: Merkkasten 2 „Parkettierungen"

4 Was ist der Unterschied zwischen einem Bandornament und einer Parkettierung? Beschreibe. **

Bei einem Bandornament kann das Grundmuster nur in eine festgesetzte Richtung fortgesetzt werden – bei einer Parkettierung dagegen in alle Richtungen.

Tipp zum Lösen der Aufgabe: Merkkasten 1 „Bandornamente" sowie Merkkasten 2 „Parkettierungen"

*Individuelle Lösung
**Beispiellösung

1 Bandornamente

Ein Bandornament erkennst du daran, dass …

… es ein Grundmuster gibt, das verschoben, gespiegelt und/oder gedreht wird.
… ein Muster beliebig oft in eine bestimmte Richtung fortgesetzt bzw. wiederholt wird, wodurch ein „Band" entsteht.

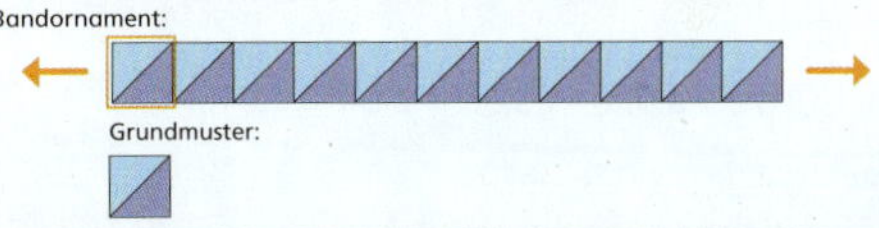

1 Setze das Grundmuster … *

a … nach rechts und links fort. Verwende zum Zeichnen dein Geodreieck.
Male das Muster aus.

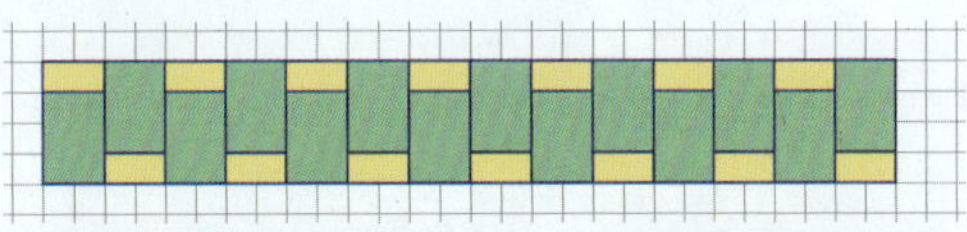

b … in alle Richtungen lückenlos fort. Verwende zum Zeichnen dein Geodreieck.
Male das Muster aus.

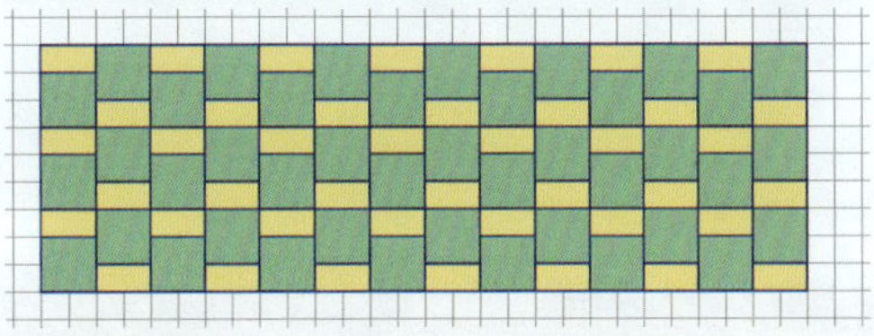

2 Parkettierungen

Eine Parkettierung erkennst du daran, dass …

… ein Grundmuster in alle Richtungen beliebig oft fortgesetzt bzw. wiederholt wird, wodurch eine Fläche entsteht.
… die parkettierte Fläche lückenlos bedeckt ist und es keine Überlappungen gibt.

*Individuelle Lösung

Bandornamente und Parkettierungen · Geometrie

Vertiefung

Grundmuster in Bandornamenten untersuchen

Schritt 1: Suche das wiederkehrende Grundmuster.

Schritt 2: Entscheide, ob das Muster verschoben, gespiegelt und/oder gedreht wurde.

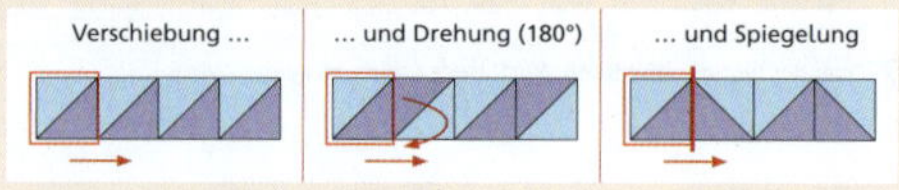

Schritt 3: Finde Spiegelachsen und zeichne sie ein.

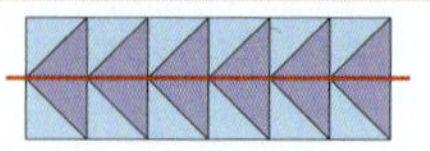

1 Schaue dir das Bandornament genau an. Wie sieht das Grundmuster aus? Kreise es ein. Suche danach die Spiegelachsen im Grundmuster und zeichne sie rot ein.

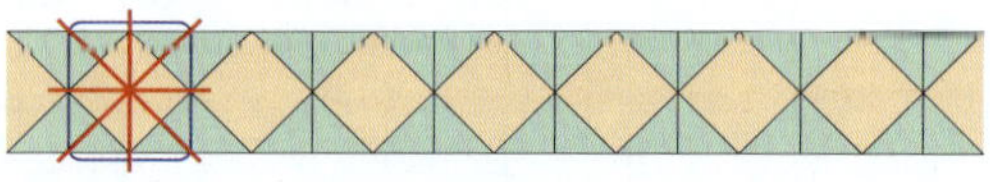

2 Wurde das Grundmuster verschoben, gespiegelt und/oder gedreht? Kreuze an.

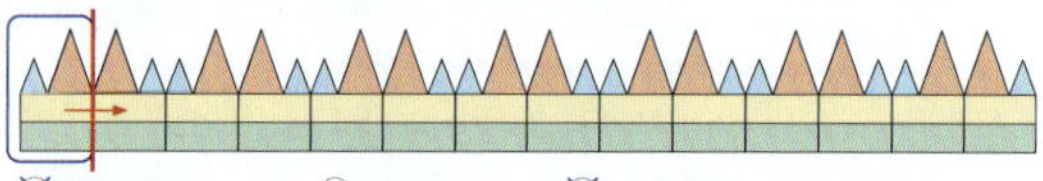

☒ Verschiebung ◯ Drehung ☒ Spiegelung

3 Zeichne ein eigenes Bandornament. Überlege dir zuerst ein Grundmuster. Entscheide dann, ob du es verschieben, drehen und/oder spiegeln möchtest. Verwende zum Zeichnen dein Geodreieck. *

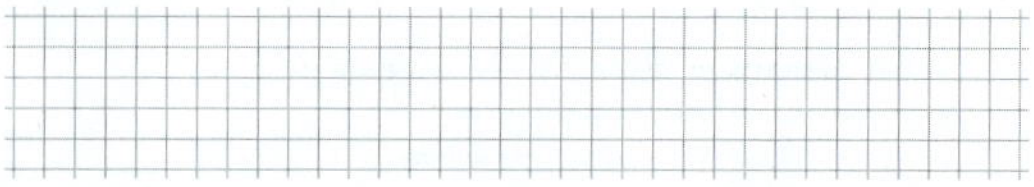

96 * Individuelle Lösung

Bandornamente und Parkettierungen · Geometrie

Vertiefung

Parkettierungen mit der „Knabbertechnik"

Du kannst geometrische Formen, die du schon einmal zum Parkettieren verwendet hast, verändern. So erhältst du neue Grundmuster.

Schritt 1: Suche dir eine Ausgangsfigur.

Schritt 2: Nimm an einer Stelle ein Stück der Figur weg.

Schritt 3: Setze das Stück an einer anderen Stelle wieder an. Wiederhole das so oft du möchtest.

Schritt 4: Verwende deine neue Figur, um zu parkettieren.

4 Zeichne eine eigene Parkettierung. *

a Wende an der Ausgangsfigur die „Knabbertechnik" an.

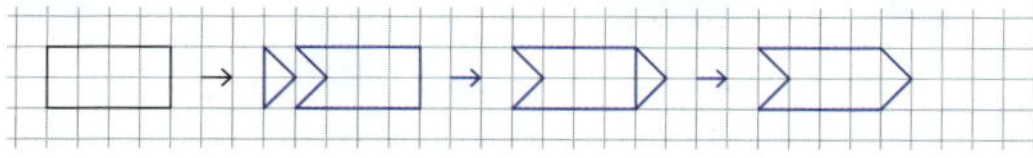

b Zeichne eine Parkettierung mit deinem erstellen Grundmuster aus **Teilaufgabe a**. Verwende zum Zeichnen dein Geodreieck.

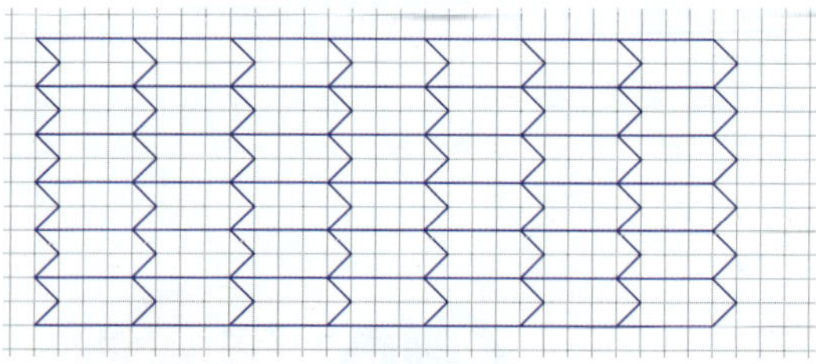

Ich kann jetzt ...	✓
... Grundmuster erkennen, verschieben, drehen und/oder spiegeln.	◯
... aus einem Grundmuster ein Bandornament zeichnen.	◯
... aus einem Grundmuster eine Parkettierung zeichnen.	◯
... bei der Parkettierung die „Knabbertechnik" anwenden.	◯

* Individuelle Lösung 97

Flächen und Umfänge · Geometrie

Test

1 Berechne den Flächeninhalt der Figur.

a

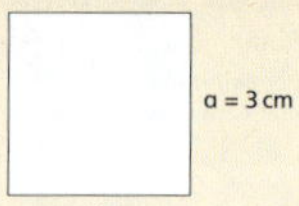

$3\ cm \cdot 3\ cm = 9\ cm^2$

A: $9\ cm^2$

b

$5\ cm \cdot 2\ cm = 10\ cm^2$

A: $10\ cm^2$

Tipp zum Lösen der Aufgabe: Merkkasten 1 „Flächeninhalt" a und b

2 Berechne den Umfang der Figuren aus **Aufgabe 1**.

a $4 \cdot 3\ cm = 12\ cm$ U: $12\ cm$

b $2 \cdot 5\ cm + 2 \cdot 2\ cm = 14\ cm$ U: $14\ cm$

Tipp zum Lösen der Aufgabe: Merkkasten 2 „Umfang" a und b

3 Berechne Flächeninhalt und Umfang der Figur. **

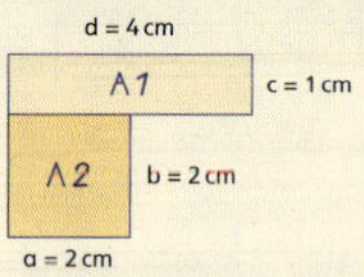

A = $8\ cm^2$

U = $14\ cm$

Tipp zum Lösen der Aufgabe: Merkkasten 1 „Flächeninhalt" a und b sowie Merkkasten 2 „Umfang" a und b

Flächeninhalt:

A1: $c \cdot d = A1$ A2: $a \cdot b = A2$

$1\ cm \cdot 4\ cm = 4\ cm^2$ $2\ cm \cdot 2\ cm = 4\ cm^2$

A1 + A2 = A gesamt

$4\ cm^2 + 4\ cm^2 = 8\ cm^2$

Umfang:

$4 \cdot 2\ cm + 2 \cdot 1\ cm + 4\ cm = 14\ cm$

98 ** Beispiellösung

Flächen und Umfänge · Geometrie

Hinweis

1 Flächeninhalt

a Der Flächeninhalt (A) einer Figur ist die Fläche, die durch ihren Rand eingeschlossen wird.

Flächeninhalte vergleichen

Die Flächeninhalte zweier Figuren kannst du vergleichen, indem du berechnest, aus wie vielen Einheitsquadraten jede Figur besteht. Die Figur mit mehr Einheitsquadraten hat auch den größeren Flächeninhalt.

(!) Einheitsquadrat = ein Quadrat mit der Seitenlänge 1 cm

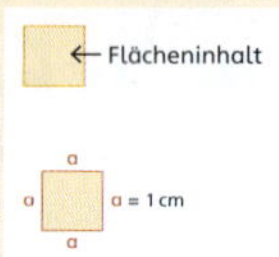

1 Zeichne die Einheitsquadrate in die Figur ein. Notiere die Anzahl.

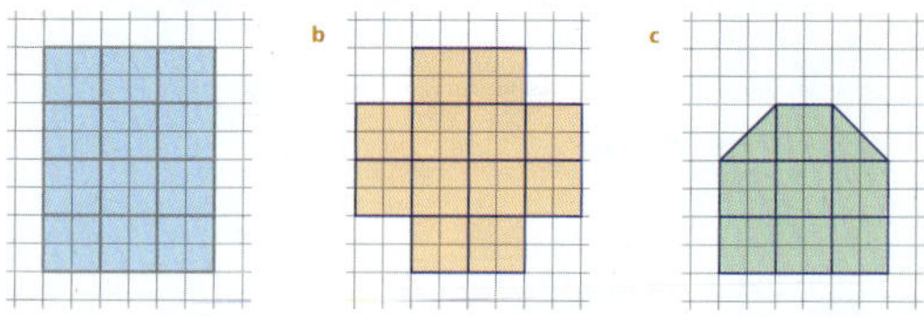

a 12 Einheitsquadrate b 12 Einheitsquadrate c 8 Einheitsquadrate

2 Wie kannst du bei **Aufgabe 1a** die Anzahl der Einheitsquadrate angeben, ohne zu zählen? Schreibe deine Rechnung auf. **

$3 \cdot 4 = 12$ (Einheitsquadrate)

b **Flächeninhalt berechnen**

Den Flächeninhalt (A) einer rechteckigen Fläche kannst du berechnen, indem du die Länge (Seite a) mit der Breite (Seite b) multiplizierst.

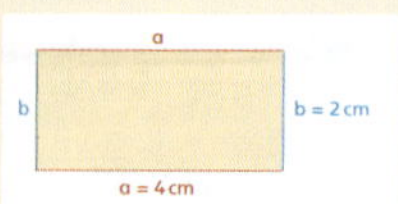

$A = a \cdot b$

$A = 4\ cm \cdot 2\ cm$

$A = 8\ cm^2$

(!) Beim Flächeninhalt nimmst du die ursprüngliche Einheit immer im Quadrat. Aus Zentimeter (cm) wird beispielsweise Quadratzentimeter (cm^2).

** Beispiellösung 99

2 Umfang

a Der Umfang (U) einer Figur ist die Strecke, die einmal um die gesamte Figur herumgeht. Stell dir vor, du würdest einmal auf dem Rand der Figur entlanglaufen.

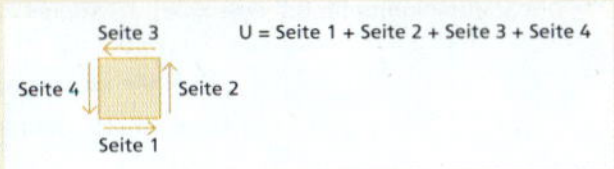

3 Miss die Seitenlängen der Figur. Notiere deine Maße.

Seitenlängen: Seite 1 = *6 cm*

Seite 2 = *3 cm*

Seite 3 = *6 cm*

Seite 4 = *3 cm*

4 Musst du alle vier Seitenlängen ausmessen? Begründe. **

Nein. Ich messe nur eine lange und eine kurze Seite, weil die gegenüberliegenden Seiten eines Rechtecks immer gleich lang sind. Dann multipliziere ich beide Längen mit 2.

b **Umfang berechnen**

Den Umfang (U) einer Figur kannst du berechnen, indem du alle Seitenlängen der Figur zusammenrechnest.

Quadrat

Seitenlänge: a = 2 cm

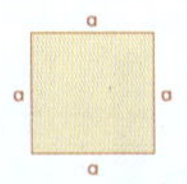

U = a + a + a + a
U = 4 · a
8 cm = 4 · 2 cm

Rechteck

Seitenlänge: a = 4 cm
b = 2 cm

U = a + b + a + b
U = 2 · a + 2 · b
12 cm = 2 · 4 cm + 2 · 2 cm
12 cm = 8 cm + 4 cm

Dreieck

Seitenlänge: a = 3 cm
b = 2 cm
c = 4 cm

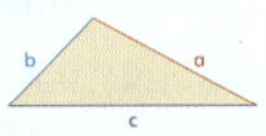

U = a + b + c
9 cm = 3 cm + 2 cm + 4 cm

Flächeninhalt und Umfang in Sachsituationen

Im Alltag gibt es immer mal wieder Situationen, in denen du den Flächeninhalt oder den Umfang einer Fläche berechnen musst. Überlege dir, aus welchen geometrischen Formen die Fläche besteht. Die Formeln zur Berechnung bleiben die Gleichen.

1 Löse die Sachaufgabe.

a Ein Kinderzimmer soll mit einem neuen Teppichboden ausgestattet werden. Das Zimmer ist 4 m lang und 5 m breit.

Frage: Wie viel Quadratmeter Teppichboden muss die Familie für das Zimmer kaufen?

Rechnung: *4 m · 5 m = 20 m²*

Antwort: *Die Familie muss 20 m² Teppichboden für das Zimmer kaufen.*

b Auf der abgebildeten Rasenfläche soll neuer Rasensamen gesät werden.

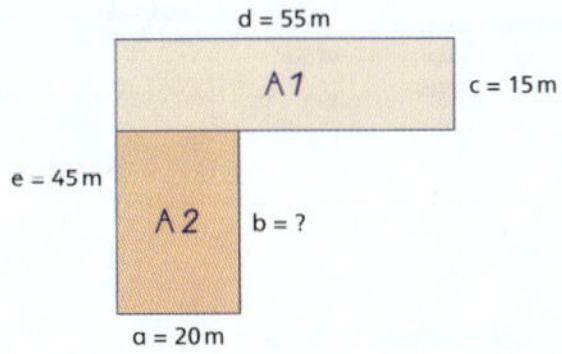

Länge Seite b: *30 m*
e − c = b
45 m − 15 m = 30 m

Frage: Wie viel Quadratmeter hat die Rasenfläche?

Rechnung:

A1: c · d = A1
15 m · 55 m
750 m²
75 m²
825 m²

A2: a · b = A2
20 m · 30 m = 600 m²
A1 + A2 = A gesamt
825 m² + 600 m²
= 1425 m²

Antwort: *Die Rasenfläche hat 1425 m².*

2 Löse die Sachaufgabe.

a Ein Spielfeld der UEFA ist 105 m lang und 68 m breit.

Frage: Wie lang ist die Gesamtlänge der Außenlinie?

Rechnung:
2 · 105 m + 2 · 68 m = 346 m
210 m + 136 m = 346 m

Die Außenlinie geht einmal komplett um den äußeren Rand des Platzes herum.

Antwort: *Die Gesamtlänge der Außenlinie ist 346 m.*

b Die abgebildete Fläche soll neu eingezäunt werden. **

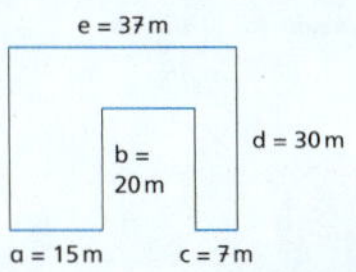

Frage: Wie viel Meter Zaun müssen verbaut werden?

Rechnung:
2 · 37 m + 2 · 30 m + 2 · 20 m = 174 m
74 m + 60 m + 40 m = 174 m

Antwort: *Es müssen 174 m Zaun verbaut werden.*

Ich kann jetzt …	✓
… den Flächeninhalt einer Figur berechnen.	◯
… den Umfang einer Figur berechnen.	◯
… Flächeninhalt und Umfang in Sachsituationen berechnen.	◯

1 Schaue dir die Tabelle genau an. Beantworte dazu die folgenden Fragen.

Tipp zum Lösen der Aufgabe: Merkkasten 1 „Diagramme“

Lieblingstier	Mädchen	Jungen
Hund	7	9
Katze	4	4
Sonstige	3	1

a Welches Lieblingstier haben die meisten Kinder? *Hund*

b Wie viele Kinder wurden befragt? *28 Kinder*

2 Wie heißt das abgebildete Diagramm? *Balkendiagramm*

Tipp zum Lösen der Aufgabe: Merkkasten 1 „Diagramme“

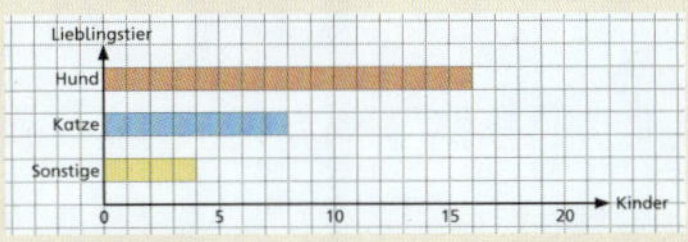

3 Schaue dir das Säulendiagramm „Lieblingsfach“ genau an. Ergänze die Lücken.

Tipp zum Lösen der Aufgabe: Merkkasten 1 „Diagramme“

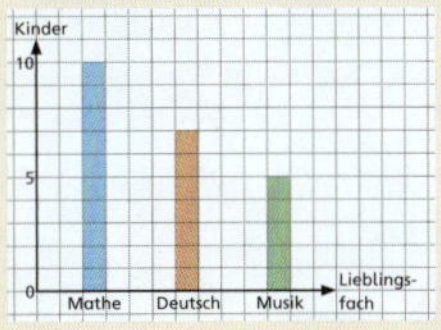

a Mathe: *10* Kinder

b Deutsch: *7* Kinder

c Musik: *5* Kinder

4 Erstelle ein Säulendiagramm zu der Umfrage „Lieblingsessen“.

Tipp zum Lösen der Aufgabe: Merkkasten 2 „Säulendiagramme zeichnen“

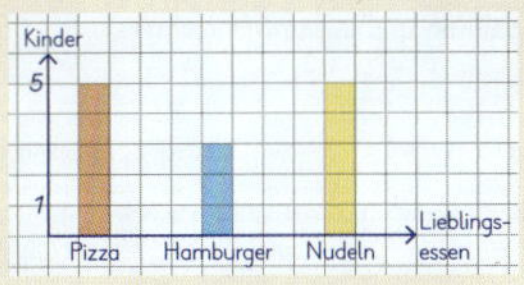

Lieblingsessen
Pizza: 5 Kinder
Hamburger: 3 Kinder
Nudeln: 5 Kinder

Daten · Zahlen, Daten, Wahrscheinlichkeiten Hinweis

1 Diagramme

Du kannst Daten erfassen, darstellen und auswerten. Hierbei helfen dir Diagramme. Es gibt verschiedene Diagrammformen:

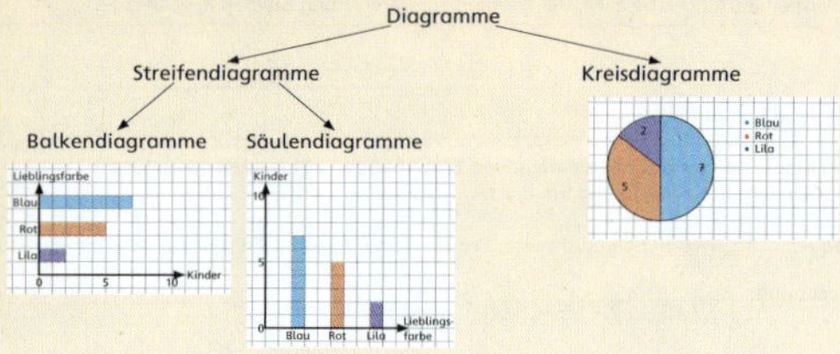

Die Daten, mit denen du ein Diagramm erstellen kannst, sind meistens in Form einer Tabelle oder Strichliste angegeben.

Beispiel: „Lieblingsfarbe"

Die Farbe Blau mögen 5 Mädchen und 2 Jungen.
Die Farbe Rot mögen 2 Mädchen und 3 Jungen.
Die Farbe Lila mögen 1 Mädchen und 1 Junge.

Insgesamt wurden 14 Kinder befragt
(5 + 2 + 2 + 3 + 1 + 1 = 14).

Farbe	Mädchen	Jungen
Blau	5	2
Rot	2	3
Lila	1	1

1 Schaue dir die Diagramme genau an.
Worin unterscheiden sich die beiden Diagrammformen? Beschreibe. **

Balkendiagramm:

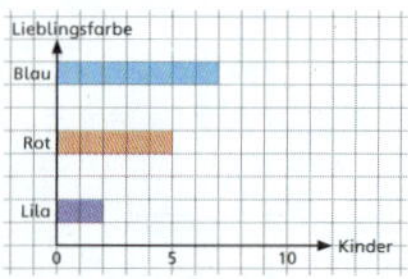

Säulendiagramm:

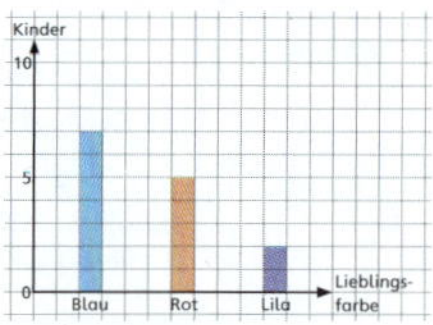

Bei einem Balkendiagramm sind die „Balken" waagerecht angeordnet.
Bei einem Säulendiagramm sind die „Säulen" senkrecht angeordnet.

 **Beispiellösung

Daten · Zahlen, Daten, Wahrscheinlichkeiten Hinweis

2 Säulendiagramme zeichnen

Das Säulendiagramm hat eine X-Achse (waagerecht) und eine Y-Achse (senkrecht):

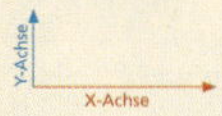

- X-Achse: Merkmale, die zur Auswahl stehen
- Y-Achse: Anzahl der Merkmale

Schritt 1: Zeichne die zwei Achsen ein und beschrifte sie.
Schritt 2: Trage auf der X-Achse die Merkmale ein.
Schritt 3: Zeichne auf der Y-Achse die Anzahl der Merkmale ein (Anzahl der Personen bei der Umfrage).
Schritt 4: Zeichne die Säulen in das Koordinatensystem ein.

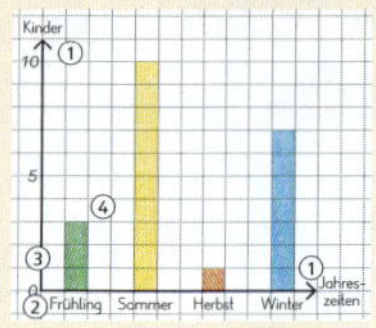

2 Tessa Tinte hat mit anderen Meerestieren eine Umfrage zum Thema „Meine liebste Tentakelfarbe" gemacht.

Tentakelfarbe	Anzahl der Tiere
Rot	𝍸
Blau	𝍸 ‖‖
Lila-weiß-gestreift	𝍸
Gelb mit roten Punkten	𝍸 ‖‖‖

a Erstelle aus den Daten ein Säulendiagramm.

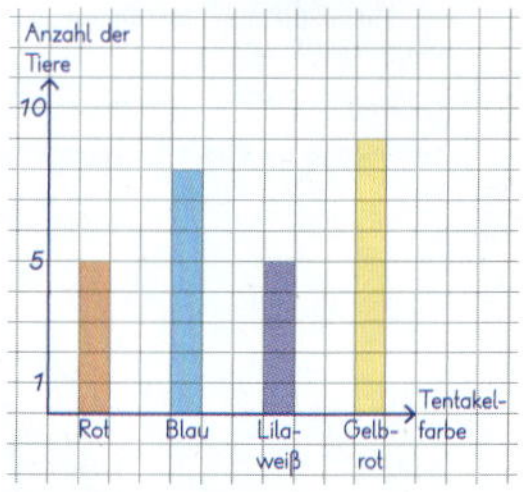

b Welche ist die liebste Tentakelfarbe?

Daten · Zahlen, Daten, Wahrscheinlichkeiten Vertiefung

Daten auswerten

Aus einem Diagramm kannst du schnell und übersichtlich Informationen entnehmen. Hierfür musst du dir immer die X-Achse und Y-Achse genau ansehen.

Stelle dir nun folgende Fragen:
1. Welche Merkmale wurden abgefragt (X-Achse)?
2. Welche Anzahl hat jedes Merkmal erhalten (Y-Achse)?

1 Schaue dir das Säulendiagramm zur Umfrage von Tessa Tinte genau an.

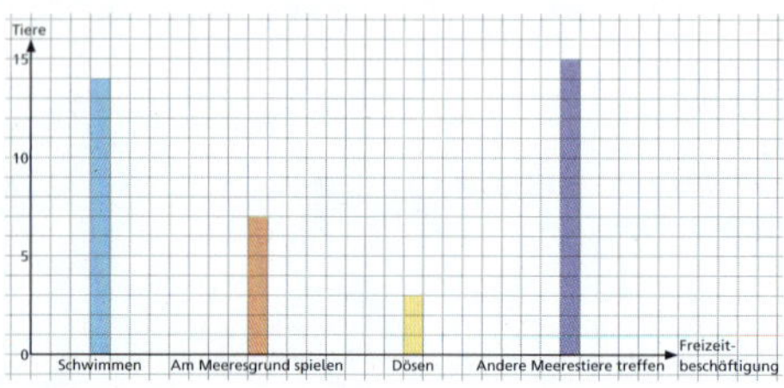

2 Welche Aussage zum Diagramm aus **Aufgabe 1** stimmt? Kreuze an.

a Die meisten Tiere dösen in ihrer Freizeit. ○
b Die meisten Tiere treffen gerne andere Meerestiere. ☒
c Es haben 39 Tiere an der Umfrage teilgenommen. ☒
d Tessa Tinte spielt gerne am Meeresgrund in ihrer Freizeit. ○

3 Kannst du die Frage zum Diagramm aus **Aufgabe 1** beantworten? Kreuze an und begründe. **

a Wie viele Tiere wählten nicht „Andere Meerestiere treffen" aus? ☒ Ja ○ Nein

Begründung: Ich kann die Daten dazu ablesen und zusammenrechnen.
14 + 7 + 3 = 24.

b Was macht Tessa Tinte gerne in ihrer Freizeit? ○ Ja ☒ Nein

Begründung: Die Frage kann ich nicht beantworten, da ich nicht weiß, wofür Tessa Tinte abgestimmt hat.

 **Beispiellösung

Daten · Zahlen, Daten, Wahrscheinlichkeiten Vertiefung

Kreisdiagramme auswerten

Du kannst die Ergebnisse von Umfragen auch mithilfe eines Kreisdiagramms auswerten.

Der Kreis stellt alle Ergebnisse als Ganzes dar.

Die Ergebnisse werden je nach Anteil als Kreisstücke angezeigt.

Die farbigen Stücke zeigen dir die Häufigkeit der einzelnen Ergebnisse.

(!) Je größer das Kreisstück, umso häufiger wurde die Antwort genannt.

Beispiel: „Lieblingsblume"
- Sonnenblume
- Rose
- Tulpe
- Lilie

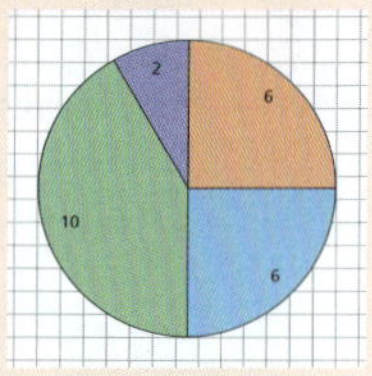

4 Welches Kreisdiagramm passt zu den Ergebnissen der Umfrage „Lieblingstier"?

a Kreuze an.

Hund	Katze	Meerschweinchen	Hamster	Vogel
30	30	22	16	5

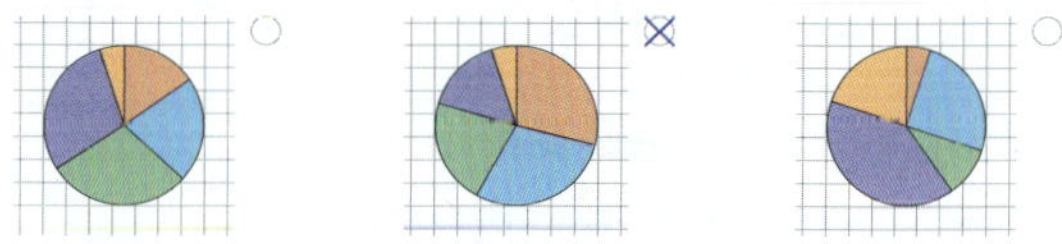

○ ☒ ○

b Begründe deine Entscheidung. **

Es kann nur das zweite Kreisdiagramm sein, da die Kreisstücke von „Hund" und „Katze" gleich groß sein müssen.

Ich kann jetzt …	✓
… Daten aus Tabellen entnehmen und als Diagramm darstellen.	○
… verschiedene Diagrammformen benennen und unterscheiden.	○
… Säulendiagramme zeichnen.	○
… Daten auswerten.	○
… Kreisdiagramme auswerten.	○

**Beispiellösung

Wahrscheinlichkeiten · Zahlen, Daten, Wahrscheinlichkeiten (Test)

1 Kreuze zufällige Ereignisse an.

a Tante Petra hatte letzte Woche im Lotto „drei Richtige". ☒
b Emilia hat sich am Dienstag beim Turnen den Arm gebrochen. ☒
c Gestern ist Wasser gefroren, als es 0 Grad Celsius hatte. ○

Tipp: zum Lösen der Aufgabe: Merkkasten 1 „Zufall"

2 Bei welchem Glücksrad sind deine Gewinnchancen größer? Kreuze an und begründe deine Entscheidung. **

„Grau" gewinnt.

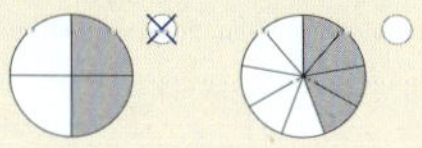

☒ ○

Beim ersten Glücksrad habe ich höhere Gewinnchancen, da hier die Feldverteilung von Gewinn und Niete 50/50 ist.

Tipp: zum Lösen der Aufgabe: Merkkasten 2 „Zufallsgeneratoren"

3 Bei welchem Würfel sind deine Gewinnchancen größer? Kreuze an und begründe deine Entscheidung. **

„6" gewinnt.

☒ ○

Ich wähle den 6er-Würfel. Hier sind meine Gewinnchancen höher, da es nur sechs Zahlen gibt.

Tipp: zum Lösen der Aufgabe: Merkkasten 2 „Zufallsgeneratoren"

4 Unterstreiche in der richtigen Farbe.
grün = sicher gelb = möglich rot = unmöglich

a Du hast einmal im Jahr Geburtstag.
b Im März schneit es.
c Die Sonne geht im Westen auf.
d Du würfelst eine 3.
e Ein Tag hat 24 Stunden.

Tipp: zum Lösen der Aufgabe: Merkkasten 3 „Wahrscheinlichkeitsbegriffe"

108 ** Beispiellösung

Wahrscheinlichkeiten · Zahlen, Daten, Wahrscheinlichkeiten (Hinweis)

1 Zufall

Von Zufall sprechen wir in der Mathematik, wenn …
… für ein Ereignis keine begründete Erklärung gegeben werden kann.
… bei einer Wiederholung des gleichen Ereignisses etwas anderes als Ergebnis eintreten kann.

① Handlungen und Ereignisse sind zufällig, wenn ihr Auftreten zwar möglich, aber nicht sicher vorhersehbar ist.

Beispiel: Würfelspiel

Zufall?
✓ Welche der sechs Zahlen gewürfelt wird, ist zufällig – das Ergebnis ist nicht vorhersehbar.
✓ Bei einem erneuten Wurf kann die gleiche Zahl noch einmal oder eine andere Zahl gewürfelt werden.

1 Kreuze zufällige Ereignisse an.

a Matteo würfelt in einem Würfelspiel dreimal eine Sechs. ☒
b Am 3. Oktober feiern wir den Tag der Deutschen Einheit. ○
c Tessas Mannschaft gewinnt im Wasserball. ☒

2 Lia hat im Würfelspiel eine 5 gewürfelt. Welche Augenzahl wird sie wohl als nächstes würfeln? Begründe deine Antwort. **

Man kann nicht sagen, welche Augenzahl Lia als nächstes würfeln wird, da das Würfeln einer Zahl ein zufälliges Ereignis ist.

2 Zufallsgeneratoren

Zufallsgeneratoren können dir helfen, Wahrscheinlichkeiten zu vergleichen und besser einzuschätzen.

Beispiele für Zufallsgeneratoren sind:

** Beispiellösung 109

Wahrscheinlichkeiten · Zahlen, Daten, Wahrscheinlichkeiten (Hinweis)

3 Wenn du eine der abgebildeten Gewinnzahlen würfelst, gewinnst du das Spiel.

Gewinnzahlen: 1, 2, 3, 4

Gewinnzahlen: 1, 2, 3, 4, 5, 6

Für welchen Würfel entscheidest du dich? Begründe. **

Ich entscheide mich für den ersten Würfel, da es hier nur sechs Zahlen auf dem Würfel gibt und vier davon Gewinnzahlen sind. Der zweite Würfel hat zwar sechs Gewinnzahlen, aber dafür insgesamt zwölf Zahlen auf dem Würfel.

4 Erfinde ein Glücksrad, das zu der folgenden Gewinnchance passt. Zeichne ein.

a „Grau" gewinnt sicher.

b Es ist zufällig, ob „Weiß" oder „Grau" gewinnt. **

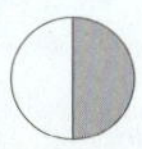

3 Wahrscheinlichkeitsbegriffe

Um zufällige Ereignisse danach zu beurteilen, mit welcher Wahrscheinlichkeit sie eintreten, verwendet man Wahrscheinlichkeitsbegriffe.

- unmöglich: Das Ereignis tritt niemals ein.
- möglich: Das Ereignis kann eintreten, muss aber nicht.
- sicher: Das Ereignis tritt immer ein.

Beispiel: „Ziehe eine graue Kugel."

110 ** Beispiellösung

Wahrscheinlichkeiten · Zahlen, Daten, Wahrscheinlichkeiten (Vertiefung)

Wahrscheinlichkeitsstreifen

Ein Wahrscheinlichkeitsstreifen kann zum Beispiel so aussehen:

Er hilft dir, mögliche Ereignisse ihrer Wahrscheinlichkeit nach zu ordnen.
Je häufiger ein Ereignis eintritt, desto wahrscheinlicher ist es.

1 Ordne die Ereignisse am Wahrscheinlichkeitsstreifen. Verbinde.

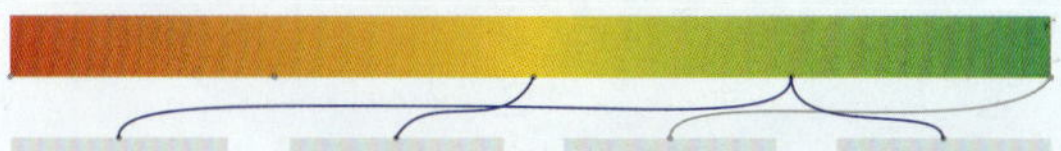

Im Winter liegt Schnee. | Du würfelst eine 6. | Nach 24 Stunden beginnt ein neuer Tag. | Der Monat Februar hat 28 Tage.

Wahrscheinlichkeiten vergleichen

Gewinnspiel: „Ziehe eine graue Kugel und erhalte den Hauptpreis."

Welche Urne wählst du?

Vergleiche die Anzahl der Möglichkeiten (hier: graue Kugeln).

In Urne 2 sind mehr graue Kugeln enthalten. Wähle also diese Urne, um zu ziehen.

Hier ist deine Gewinnwahrscheinlichkeit höher, da fast alle Kugeln grau sind.

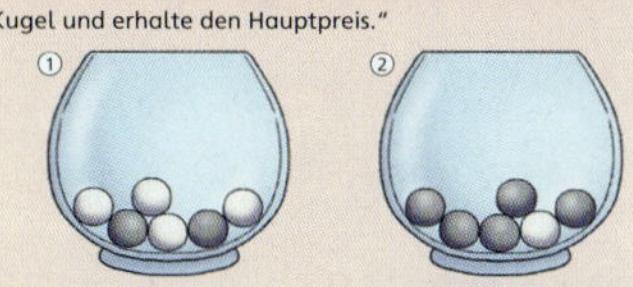

Inhalt Urne 1: **2 graue Kugeln**, 4 weiße Kugeln

Inhalt Urne 2: **5 graue Kugeln**, 1 weiße Kugel

① Damit du bei einem Spiel deine Chancen zu gewinnen erhöhen kannst, ist es wichtig, die Gewinnwahrscheinlichkeiten zu vergleichen.

2 Beurteile die Aussage und unterstreiche: grün = wahr oder rot = falsch.

7 Trostpreise | 8 Nieten | 1 Hauptgewinn

Die Wahrscheinlichkeit, irgendeinen Preis zu bekommen, ist genauso hoch wie die Wahrscheinlichkeit, eine Niete zu ziehen.

111

Wahrscheinlichkeiten · Zahlen, Daten, Wahrscheinlichkeiten Vertiefung

3 Vergleiche die drei Urnen. Du gewinnst, wenn du eine rote Kugel ziehst.

a Welche Urne suchst du dir aus? Kreuze an.

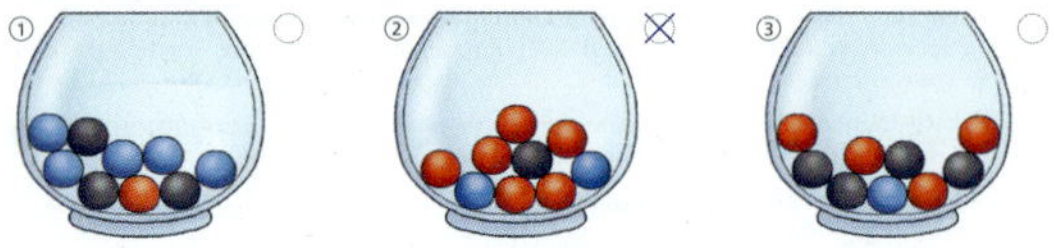

① ○ ② ☒ ③ ○

b Begründe deine Entscheidung. **

In Urne 2 sind die meisten roten Kugeln enthalten.

4 Schaue dir die vier Glücksräder genau an. Du gewinnst bei einem grauen Feld.

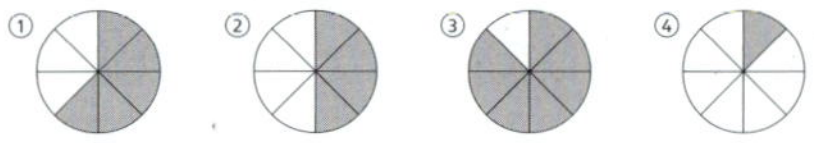

Ordne die Glücksräder ihrer Gewinnwahrscheinlichkeit nach:

Glücksrad 3 > Glücksrad 1 > Glücksrad 2 > Glücksrad 4

5 Ordne jedem Glücksrad eine Spielregel zu, bei der Tessa und ihr Freund Toni die gleichen Gewinnchancen haben. Ein Glücksrad passt zu keiner Spielregel.

2 | 1 | / | 2

Spielregel 1
Tessa: Gewinnt, wenn die Zahl gerade ist.
Toni: Gewinnt, wenn die Zahl ungerade ist.

Spielregel 2
Tessa: Gewinnt, wenn die Zahl durch 9 teilbar ist.
Toni: Gewinnt, wenn das Feld rot und durch 8 teilbar ist.

Ich kann jetzt …	✓
… zufällige Ereignisse bestimmen und Wahrscheinlichkeitsbegriffe sicher verwenden.	○
… Zufallsgeneratoren benennen und deren Wahrscheinlichkeit einschätzen und vergleichen.	○
… Ereignisse am Wahrscheinlichkeitsstreifen einordnen.	○

112 ** Beispiellösung